戦後日本の

五百旗頭 薫・小宮一夫・細谷雄一・宮城大蔵・東京財団政治外交検証研究会編

歴史認識

東京大学出版会

History and Politics in Postwar Japan

Kaoru IOKIBE, Kazuo KOMIYA, Yuichi HOSOYA, Taizo MIYAGI, and
Political and Diplomatic Review, The Tokyo Foundation, editors

University of Tokyo Press, 2017
ISBN 978-4-13-023072-8

はじめに

細谷雄一

二〇一五年は第二次世界大戦終結七〇周年であり、多くの諸国であの戦争、さらにはその後の七〇年の歩みを回顧する記念行事が行われた。その中でも、八月一四日の安倍晋三首相の「七十年談話」いわゆる「安倍談話」や、八月一五日の韓国の朴槿恵大統領による日本からの独立を祝う光復節演説、さらには九月三日の中国の習近平主席の「抗日戦争勝利七〇年軍事パレード」は、報道などでもその内容が大きく注目をされた。

現在の東アジアでは、歴史認識そのものが国際政治の歴史を大きく変えてしまうことがある。すなわち、歴史が歴史認識を創るだけではなく、歴史認識が歴史を創ってしまうこともあるのだ。それゆえに、東アジアの国際政治の将来を展望して、望ましい外交政策を構想するうえで、歴史認識問題は避けて通ることができないきわめて重要な外交のイシューとなっている。日中関係や日韓関係についての報道に接する際に、いまや歴史認識問題が関係していないことは、ほとんどないとさえいえそうである。それほどまでに、現在では歴史認識問題は重要な外交アジェンダとなっているのだ。

ところが、歴史認識問題が日々のニュースを賑わせて、東アジアの政治家たちの関心をひきよせることがあっても、それが学術的にも重要な研究課題となっているという理解は必ずしも広がっているわけではない。過去一〇年ほどの間に、日本においてはこの問題をめぐって大きく学術研究が進展してきた。ところが、その成果が広く一般読者に読まれて、知れわたっているとはまだ言えないのではないか。

そのような問題関心から、本書では政治史や外交史を専門とする研究者が集まって、戦後日本の歴史認識問題を可能な限り冷静に、客観的に、そして学術的に概観することを試みている。研究書ではなく一般向けの書物であるために、あくまでも入門的および概説的な記述が中心となっているが、執筆者はいずれもそれぞれの専門分野で高い水準の研究を公刊している中堅・若手研究者ばかりである。そのような研究成果が、本書のようなかたちで、幅広く一般読者に読んで頂けることは、何よりも嬉しいことである。それによって日本の中で、歴史認識問題という、きわめて論争的で敏感な問題を、よりいっそう冷静に、客観的に、そして学術的に論じることができることができるはずだ。

本書は、東京財団でこれまで一〇年間の長きにわたって続けてきた「政治外交検証研究会」での研究活動を基礎としている。簡単に、この研究活動の経緯にも触れておきたい。二〇〇七年四月に、政策シンクタンクである東京財団において、北岡伸一東京財団主任研究員（東京大学教授、当時）を研究会リーダーとして、新たに「政治外交検証研究会」がはじまった。ちょうど一〇年前のことであり、時代は安倍晋三第一次政権の頃のことである。安倍首相は、この年の四月一一日に訪日した温家宝首相と首脳会談を行い、「戦略的互恵関係」をつくっていった。この一〇年間で、日中関係も、日本の国際社会における位置づけも、そして日本の政治や外交も大きく変容していった。歴史家が集まって日本の政治や外交を検証するこの研究会は、そのような一〇年間の時代の変化を見つめてきた。

その後一〇年ほどの間、宮城大蔵上智大学教授、五百旗頭薫東京大学教授、そして私の三名をサブリーダーとして、ほぼ毎月研究会を積み重ねてきた。この三名とともに、立教大学法学部あるいは東京大学大学院法学政治学研究科において、かつて北岡教授の指導を受けた門下生である。その後、小宮一夫駒澤大学講師にもサブリーダーとして加わって頂き、「外交史ブックレビュー」を発信してきた。

ちなみに四人のサブリーダーは、いずれも、今から二〇年ほど前に大学院生や助手であった時代に、北岡教授が東京大学大学院法学政治学研究科で定期的におこなっていた、若手研究者向けの研究会に参加していた。これは、所属や年齢を問わずに若手の政治外交史家が参加して、新刊の学術書を書評報告するという手法をとっており、今から考えるときわめて高い教育的価値を持っていたと感じている。その後、北岡教授が国連大使となり、また帰国後も多忙を極め、さらには東京大学を退職して政策研究大学院大学に移ったこともあり（現在は、国際協力機構（ＪＩＣＡ）理事長）、本郷で行われるこの研究会もしばらく休会となっていた。

ふたたびそのような研究会を開きたいということを私自身感じており、また北岡教授が東京財団で主任研究員に着任して新しい研究会を立ち上げることなどの要因が重なって、かつて本郷で行っていた研究会が、場所とスタイルを変えるかたちで再スタートした。その後、毎月の研究会にはジャーナリズムの世界の方々にも加わって頂き、若手及び中堅の政治外交史研究者と、活躍する政治記者や編集者の方々の白熱した意見交換が行われるようになった。この一〇年間、この研究会が社会に向けて貢献を果たしてきたと自負している。

気がつけば、かつては「大学院生」や「助手」であったサブリーダーのわれわれも、今では大学で学部生や大学院生を指導する立場に立っている。そして、一部、われわれが指導した若手研究者にも研究会に参加頂いたり、ご報告を頂いたりしている。私自身は、とてもかつての北岡教授が果たしていた役割を果たすことはできていないが、宮城教授や五百旗頭教授、小宮講師のご協力を得て、とても刺激的で魅力的なアカデミックなフォーラムとなっている。そして、この研究会が発展するかたちで、本書が誕生することになった。

このような書籍を刊行できたのは、何よりもまず北岡伸一教授（現在は国際協力機構理事長）のご指導とご支援ゆえである。北岡教授のご指導を頂いたわれわれが、それぞれの立場でさらに若手の大学院生などの次世代の研究者に知的刺激を提供することが重要な作業だと感じている。

現在、東京財団でこの研究会を担当して頂いている田中伸子政策研究プログラムオフィサー、およびこの研究会を長年にわたってご支援を頂いている東京財団に、多大な感謝をしている。多様なテーマで、多様なメンバーが集まるこの研究会において、とりわけ田中さんから頂く最良のサポートがなければ、これほどまでにスムーズに、そして社会との有意義な接点を持つかたちで研究会を続けてこられなかったと思う。

そして何よりも、毎月の研究会で素晴らしいご報告をして頂き、その学術書の持つ意味を適切に解説して頂き、現代的意義をくみ取って頂いている研究会のメンバーの方々のご協力に感謝したい。それらなくして、この研究会は成立しないし、今日まで続くことがなかった。いまではその多くが、それぞれの組織の重要な立場でご活躍になっているが、ご多忙な中で毎月提供して頂いている知的な刺激は、きわめて高い価値を持つものだと思う。

なお、北岡教授は、創刊号の外交史メールマガジンの「創刊趣旨」で次のように述べている。

「戦後外交に関する研究は着実に発展しつつあります。外交文書の公開や情報公開制度の利用等によって、新しい史料が利用可能となり、アメリカ等外国の文書に主として依拠した研究から、より総合的複眼的な視点が提示されつつあります。それらの研究は、しかし、まだ専門研究者の間で共有されるだけで、広い外交論議の基礎として十分利用されてはいないというのが現状です。」

一〇年が経過しても依然として同様なこのような現状を鑑みて、本研究会の成果がよりいっそう幅広い読者によって共有されて、「広い外交論議の基礎」として活用されることを、強く願っている。

戦後日本の歴史認識　目　次

戦後日本の歴史認識

装幀　間村俊一

序章　歴史認識の歴史へ

五百旗頭　薫

本書のテーマは歴史認識の歴史である。

今日に至るまで、戦後日本の歴史認識は、加害者・被害者・敗者としての認識である。勝者でだけはないはずである。三つの認識がどのような関係を取り結んできたかを、本書から読み取ることができる。

ところで戦前にも歴史認識はある。戦前についての戦後に出来た認識ではなく、戦前から出来ていた認識である。歴史認識が戦争によって深く刻印されるものであるとして、「戦前」にも戦争はあった。国運のかかった戦争として、控えめに挙げても、戊辰戦争に至る幕末・維新の動乱と、日清・日露戦争がある。戦前日本の歴史認識は、つまりもっぱら勝者としての認識だったのである。

戦前と戦後の歴史認識がこのようなコントラストを成しているのは、戦前日本が劇的な統一、拡大と滅亡の歴史を辿ったことの帰結である。敗戦後の日本に許された数少ない特権の一つは、その気になれば歴史認識の全ての類型を自らの経験から反芻できることであったのだが、この特権はまだ十分に享受されていないように思う。ここでは、極めて乏しい試論ではあるが、戦前の歴史認識について筆者の見るところを点描することとする。これを導入として、戦後の歴史認識についての各章を紹介したい。

明治初年の政治史は戊辰戦争の勝者が作った。新政府で重きをなしたのが討幕派であったことは、言うまでもない。勝者として、幕府はおろか討幕に貢献した大名の権限・財源をも侵食し、国家統一を推進した。新政府に反発した不平士族も、戦勝の果実を求める軍事カリスマと凱旋兵士がその尖鋭的な分子であった。やはり新政府に対峙した自由民権運動も、同じ分子から始まった。戊辰戦争が新たな武器と戦闘方法、そして武士以外の戦闘員をも動員としたこと、その意味でこの戦争の参加者が身分制から解放されていたことが、そのラディカリズムの背景にあったのである。勝者としての記憶、あるいは記憶という以上に強靭な自意識や体験が、これら三つの政治主体の急進的な政治行動に直結していた。

このような急進性を警戒する論者からは、幕末・維新の動乱に対する抑制的ないし否定的な記憶が表明されることがあった。漸進主義を標榜して一八七〇年代の言論を風靡した福地桜痴は、後に『幕府衰亡論』（民友社、一八八三年）や『幕末政治家』（民友社、一九〇〇年）といった史論を著している。旧幕臣として、攘夷派・討幕派に対し批判的な見地に立つものであった。

自由民権運動を鼓舞した政治小説にも、実はこの意味での保守的な観念が浸透していた。

会津出身の柴四朗（東海散士）による『佳人之奇遇』（初編巻一・二、原田博文堂、一八八五年）は、幕末・維新の歴史を、尊王攘夷派の暴挙が外国側の反発を生む対立の悪循環として語る。そして、公武の間に立って調和に努め、対立の悪循環をくいとめようとしたがかなわなかった会津の「孤忠」を訴える。

悪循環への着目と警戒は、同様に著名な政治小説である矢野文雄（龍渓）『経国美談』（報知新聞社、一八八四年）や末広重恭（鉄腸）『雪中梅』（博文堂、一八八六年）のモチーフでもある。悪循環は自己増殖的な性格を持つので、止めようとして止められるものではない。政治小説は、別途に好循環を起こすことを推奨しているようである。好循環も自己増殖的な性格を持つはずなので、徒手空拳で始まっても、やがては悪循環に匹敵するかもしれない。『経国美談』や『雪中梅』は、中庸を得た政治路線への静かな情熱を燃やす青年が演説し、懐疑的な聴衆の共感を徐々に得ていく情景を描く。

『雪中梅』の続編にあたる末広の『花間鶯』（金港堂、一八八七年）は、好循環の条件として、官・民、あるいは急進・穏健などと立場の異なる個人の間の信頼や友情を要請している。政治的な対立によって私的な人間関係を損ねないという公私の別は、当時この小説に限らず多くの論説において推奨された。福沢諭吉が官民調和を繰り返し説いたのも、対立する朝野の元老が私的には旧知の仲であり、和解できるはずとの判断に基づいてのことであった。

このようにして、悪循環の再来を防がなければならないという観念は、民権派においても、より保守的な論者においても共有された。そして、好循環を創始できそうな小さなアクション――演説や論説――を競い合ったのである。これらのことは、一八八九年の大日本帝国憲法に基づく立憲制の導入をより円滑にしたはずである。

それでも、民主化要求が強まるにつれ、憲法解釈をめぐる対立が激化し、悪循環を起こす恐れはあった。この問題に取り組んだ一人に、吉野作造がいる。

吉野の民本主義とは、吉野がヘーゲルの弁証法から学んだ形式‐実質という対立項の連鎖によって、悪循環を封じ込めたものと解することができる。というのも、吉野が『中央公論』一九一六年一月号に発表した有名な論文「憲政の本義を説いて其有終の美を済すの途を論ず」によれば、第一に、憲法の条文もさることながらそこに潜む「精神」が重要であり、一般民衆の意向に基づく政策決定こそがその「精神」であった。こうして多数者が「形式的関係」においては支配者となるのだが、しかし第二に、その「内面」においては「精神的指導者」が必要であるという。

ヘーゲル弁証法についての吉野自身の解説によれば（吉野『ヘーゲルの法律哲学の基礎』一九〇五年『吉野作造選集』第一巻、岩波書店、一九九五年）、空虚な形式が実質によって充実させられ、この実質もやはり形式性を免れないことから、さらなる実質によって充実させられるというプロセスが、無限に繰り返される。同じく吉野の民本主義も、条文や形式といったものと精神や内面といったものを対置させ、対置を連ねることで、憲法と多数者支配と少数者の精神指導を共存させたのである。

吉野は、ヨーロッパ諸国の社会主義運動が、時に権力との対立の悪循環を起こし、時に対話と妥協の好循環を起こしたことを、政治史家として研究していた。これが循環に対する歴史認識を鋭利なものとし、民本主義に結晶したのであろう。

歴史は勝者が作るという。だが明治・大正期の政治発展の背景には、勝者が国家形成の方針を定め、敗者が循環の観念を通じて作法を示すという、複合的な歴史認識があったといえよう。

立憲制が機能したことは、日清戦争（一八九四～九五年）・日露戦争（一九〇四～〇五年）において、日本の動員力を高めたであろう。

しかしこの戦勝の結果、外交における循環の観念は、内政においてよりも早く衰退したように思われる。大国と戦って勝ってしまったので、戦果を固定化することが至上命題となったからである。それは、敗戦国との間の好循環の発生を困難にするものであった。しかもこの固定化の努力は、以下に見るようにむしろ対外政策を漂流させ、悪循環を招きよせることとなった。

すなわち、中国に対しては、日清戦争後の日本は官民を問わず人脈を作り、支援する傾向を強めた。それは両国の関係を深め、安定させるためであったが、リスクも高めた。中国国内が分裂した場合、それぞれの陣営に肩入れする日本人がいるということになるからである。一九一一年に辛亥革命が起きると、中国各地の日本人から複数の介入プランが提示され、その影響で日本の対中政策は一貫性を欠き、かつ干渉的なものとなった。

第一次世界大戦への参戦は悪名高い対華二十一ヵ条要求を帰結したが、ドイツから青島を奪取した際の加藤高明外相の意図は、日露戦争でロシアから獲得した満州での租借権を確実に延長するための取引材料を得ることにあった。

加藤以後の外交当局者は、中国との関係改善を標榜して、南方の国民党を支援し、あるいは北京の段祺瑞政権を支援した。だがいずれも内政干渉として国内外の非難を招き、所期の目的を達成しなかったのである。

ロシアに対しては、一九〇七年、一九一〇年と繰り返し協約を締結した。満州における日露の勢力圏を相互に尊重・擁護するためであった。一九一二年の第三次協約で両国の勢力圏は内モンゴルへと広がった。一九一六年に締結した第四次協約に至っては、中国で両国に挑戦する国を対象とした、軍事同盟と呼べるものであった。だが翌年のロシア革命により対露関係安定化の努力は水泡に帰した。すると今度はシベリアに出兵した（一九一八～二二年）。

このようにして日本は、第一次世界大戦の終結までに、中国・ロシア（ソ連）の双方に対して、介入的な傾向を強めたのである。

この傾向は、アメリカの対日警戒を強めた。第一次世界大戦後、アメリカのハーディング政権は一九二一年末から翌年にかけてワシントン会議を招集し、日本を含む列国に海軍軍縮と中国の領土・主権の尊重を提案した。これが一連の条約に結実し、以後、一〇年間ほど、日本の対中干渉は抑制的となり、悪循環の封印に概ね成功した。

とはいえ、日本がワシントンで諸条約を調印したのは、満蒙における権益が認められ、山東半島についても一定の権益が承認されたからであり、言い換えれば日露戦争の戦果、及び第一次世界大戦の戦果の一定部分を固定化する展望があったからであった。

だがこれらの権益は既に中国ナショナリズムの激しい非難の対象となっていた。中国の国権外交、ないし革命外交がその回収を企てた時、対立の悪循環が再発する可能性は高かった。

もっとも、協調の精神によってこれを回避できる可能性もあり、日本の歴史の重要な分岐点であった。

この分岐点において、今度は内政が微妙であった。一九二四年以降、憲政会（後に立憲民政党）または政友会による政党内閣が慣行化していた。憲政会系が幣原喜重郎外相の下で協調外交を展開しており、昭和天皇・元老西園寺公望及び輿論の相対的な支持を得ていた。しかし二大政党間の政権交代であるが故に、両党間のスキャンダル暴露、倒閣工作や対抗工作の応酬には、目を覆うべきものがあった。そこにおいて政友会は、しばしば幣原外交が軟弱であるとの非難を繰り広げたのである。

そして、かつて福地・福沢や政治小説や民本主義が権力と運動の悪循環を抑制しようとしたようには、二大政党間の悪循環を抑制する言説は発達しなかったように思われる。多くの知識人にとって、二大政党は「既成政党」として既に幻滅の対象であり、無産政党であれ国家主義であれ、より革新的な運動の方が関心を惹くものであった。

一九三一年の満州事変以降、小康状態をはさみつつも、日中間の対立は増幅していった。翌三二年の五一五事件で政友会総裁の犬養毅首相が暗殺されたことを契機に、政党内閣期は終焉し、以後、軍部を制御できる統治主体は存在しなくなった。

総じて戦前の歴史認識は、日本の政治・外交を直接に規定した。しかも、勝者でありながら、勝者であるからこそ、対立を激化させ、未来の選択肢を狭める方向で規定することが多かったのである。

これに対し、敗戦後の歴史認識が与えた影響は、はるかに複合的かつ間接的であった。それは決して、影響が小さい、という意味ではない。戦後の保革対立の焦点となった日米安保体制と平和主義をとってみても、敗北からの再生、被害者としての反戦感情、加害者としての反省、の三者がそれぞれ複雑に作用して成立していることは明らかである。

とはいえ、勝利の果実を擁護するという、勝者における歴史認識と政策のような直接的な因果はなさそうである。

したがって、戦後の歴史認識については個々の論点に分けて考察したくなるし、実際そうすることで、優れた解説が多数生み出されている。だがあえて複数の論点を横断して、時代ごとの様相を検討することで、明晰な特徴が析出される可能性もある。こちらに賭けたのが本書である。

賭けが報われたのか、各章の主張は明快である。ここでは、本章なりの問題関心をまじえながら、その意義を確認していきたい。

吉田茂が戦後外交の基調を設定した時代を扱ったのが、第一章「吉田茂の時代――「歴史認識問題」の自主的総括をめぐって」(武田知己)である。

戦前戦中、戦争に反対した経歴を持つオールドリベラリストが、戦後外交を指導したのであるが、彼等の中には、過去の対中政策・在中権益について、あるいはソ連・共産主義について、考え方の違いがあった（旧勝者としての意識・利害、あるいはさらなる敗北・被害への危惧が、意見を分岐させていたといえるかもしれない——五百旗頭）。こうした差異から自由に、状況思考に徹したのが吉田茂であった（敗者に徹したといえるかもしれない——同上）。これによって吉田は、東京裁判史観とサンフランシスコ講和体制を受容し、日本を国際社会に復帰させることに成功した。

それは低コストでの復帰であったが、被害者としての不条理感を日本側に残すと同時に、平和条約に調印しなかった中国・韓国に対して、加害者としての償い方を決めないままの復帰でもあった。中韓への償いについての国家間の合意は、一九六〇年代・七〇年代の対韓・対中国交正常化を待たなければならない。

この時代を扱ったのが第二章「佐藤栄作の時代——高度経済成長期の歴史認識問題」（村井良太）である。

アメリカの冷戦戦略に助けられつつ、法的な戦後処理が実務的に進んでいった時代である。この間、国内では靖国神社の国家護持・戦犯合祀や参拝をめぐる憲法論争を中心に、戦争をめぐる内省が蓄積された。それはもっぱら被害者としての自意識からであったが、加害者としての認識も深まっており、そこに成熟を読み取ることもできる。しかしこの内省は、他国への含意を必ずしも意識しないものであった。一九七八年のA級戦犯合祀など、いくつかのアクションや議論が、法的な戦後処理への不満足と国内外で連動して、今日の歴史認識問題の伏線となる。

一九八〇年代には、歴史認識問題が外交上の争点となった。とはいえ、政治的な慎慮によって、問題を封印することはなお比較的容易であった。

第三章「中曽根康弘の時代——外交問題化する歴史認識」（佐藤晋）が扱うのはこの時代である。争点となったのが、教科書問題と靖国参拝問題であった。前者は内政問題であると反論する選択肢があり、後者は大きな反発を招かなかった先例もあった。しかし中曽根及びその前後の指導者は、アメリカ及び中韓と協調して反共の「アジアの壁」を築くために（中曽根）、あるいは予見される中国の台頭に備えるために（宮沢喜一）、自らの歴史認識はさておき表向きの認識を演出した。当時は日本の経済力が東アジアで突出しており、中韓も妥協の準備があったため、この演出は概ね成功した。

さて、日本は外国との間にだけ歴史認識問題を抱えているわけではない。戦後を通じた沖縄の歴史認識を、その政治構造の変遷と関連付けながら考察したのが、第四章「沖縄と本土の溝——政治空間の変遷と歴史認識」（平良好利）である。

沖縄には独自の政党の発達があった。だが日本への復帰の前後に、文脈の違いは孕みつつも、本土の保革対立が沖縄にも流入する。この保革対立において、革新陣営の歴史観——沖縄戦において「捨て石」とされ、講和条約において見捨てられ、沖縄返還において住民の意向が無視された——が普及する。それは保守陣営も共有する歴史であり、体験であったからである。そして、この沖縄の歴史認識に対する一定の理解と配慮が本土の保守政権にあることが、本土と沖縄の対話の基盤であったといえる。

ところが冷戦後、一九九〇年代には、この基盤が弱体化していく。本土で革新陣営が衰退し、保守化するのに反発するかのように、沖縄では冷戦なき米軍基地への批判が強まり、その意味で革新化したからである。米軍基地の弊害に直面する度に、オール沖縄の歴史認識が触媒となって、本土への不満が高まる構図が成立して今日に至る。

再び国際関係に戻ると、佐藤晋が指摘するように、やはり一九九〇年代からは首脳間の友好の確認では弥縫が困難になる。

このいわば同時代の諸相を描き出すためには、単著の論文ではなく、座談会という形式を選んだ。細谷雄一をモデレーターとして、中国、韓国、アメリカをそれぞれ専門とする川島真・西野純也・渡部恒雄が参加したものである。

安倍晋三首相による戦後七〇年談話の直前におこなわれた座談会の記録が、第五章「歴史和解は可能か——日中・日韓・日米の視座から」である。かつて歴史認識問題の争点化に抑制的であった中国・韓国が、近年なぜ積極的になったかの事情が分かりやすく説明されている。また、関係が安定していたアメリカについての注意事項も、語られている。

安倍談話が発せられた一年後に、同じメンバーによっておこなわれた座談会の記録が、第六章「東アジアの歴史認識と国際関係——安倍談話を振り返って」である。まず、安倍談話の成立経緯と中韓米の反応をレビューしている。さらにイギリス外交史を専門とする細谷が、ヨーロッパの歴史認識問題と比較している。その上で、各国との関係の展望を語り合っている。価値をめぐる政治——歴史認識を含む——が、かつては力や利益をめぐる政治によって概ね制御されていたものが、今や独立変数となりつつあるのではないか、という指摘がなされている。

さらに知識を深めたい読者のために、第七章「歴史認識問題を考える書籍紹介」（細谷雄一）と第八章「戦後七〇年を考えるうえで有益な文献を探る」（小宮一夫）が研究動向と文献を紹介している。かなり贅沢な本ではないだろうか。

各章の紹介は、ここまでとしたい。

価値をめぐる政治が独立変数になっているのは、勝者の歴史認識が再び東アジアの国際政治を規定しているということなのかもしれない。価値の政治が暴走しかねない勝者、政策上の自由を歴史認識に委ねてしまう勝者とは、どのような勝者なのか。

不満足な勝者なのかもしれない。完全な勝者は、寛大になり得る。これに対して、戦前日本は不満足な勝者であった。日本が勝者の立場にこだわったのは、日清戦争で獲得した遼東半島を三国干渉に失ってからであった。日露戦争で賠償金を得られず、ロシアから譲り受けた租借権の年限に不安を覚えたからであった。

現在の中国や韓国、あるいはロシアが勝者であるのは、アメリカが勝者であるのと同じ意味においてではない。ロシアはアジア・太平洋戦争には勝ったが、冷戦には負けた。韓国は冷戦と権威主義体制の下で日本と和解したため、十分な償いを受けていないと考えがちである。中国にも同様の事情はあり、かつ経済成長の享受は日本より三〇年遅れ、今は鈍化しつつある。韓国はそもそも植民地化されていたため、独立国として戦争に参加することができなかった。そもそもでいえば、中韓は何よりも被害者である。

これに対して日本は、高度経済成長や民主主義の定着という意味では戦後の勝者である。しかもこれらの起源を詮索するならば、戦前から通貫して勝者であるという認識すら可能である。本章の冒頭で「勝者でだけはないはずである」と述べたにもかかわらず、成功者としての側面を否定する歴史研究の方が今は少数派である。日本に対して寛大な勝者でいることは、かくも難しいのである。

今日の歴史認識問題は複合的であり、かつ――危機管理に一部成功しつつあるとはいえ――対立に直結するようになっている。この序論が試みたきわめて不十分な歴史認識の歴史から、果してどのような示唆が得られるのであろうか。

第一に、目の前にある力や利益への、正確な認識である。価値をめぐる政治は独立変数となりつつはあるが、やはり日中韓米のパワーバランスや打算によって規定されるところが大きい。そのことを理解すれば、自分の歴史認識がなぜ相手に通じないのか、という戸惑いや憤慨からは免れることができる。座談会を通じて渡部は、相手の事情をよく知ることが不可欠であると強調している。その通りであり、そこでいう事情がいわゆる同情に値する事情だけではないことが、重要である。

第二に、日本は戦後の歴史認識について弁明するだけでなく、戦前の歴史認識からの教訓を共有させるべきである。

それは一つには、循環の観念を復活させるということである。不満足な勝者であった日本は、戦果にこだわることで好循環の芽を摘んだ。現在の戦勝国が同じ過ちを犯しそうなのであれば、本来、日本ほどうまく助言できる国はないのである。

不満足な勝者ではなく、好循環を起こす勝者が、本当の勝者ではないか。

およそ循環は相互作用による自己増殖なのだから、好循環が起きれば全員が勝者になるのではないか。

悪循環が起きれば全員が敗者になるのではないか。

考えとしては分かっても、具体的かつ明晰な記憶やヴィジョンと結びつかなければ、人はなかなか従わない。明治一五〇年となりつつあるのであるから、これから近代日本についての大胆で簡潔な総括が多数、現われるかもしれない。それは悪いことではないであろう。本章がその一つの試みとして迎えられるとすれば、ありがたいことである。

戦前の共有とは、もう一つには、公私の別という考え方を復活させるということである。目下の文脈においては、政治的な好循環を焦り過ぎず、経済・文化・学術のレヴェルでの交流を地道に続けるということである。それが回り道に見えて、好循環を準備する。

政治から最も異質でありながら、政治からの畏敬を徐々に勝ちとらなければならないのが、学問である。何が本当に起こったのか、を厳密に問う歴史研究をこれからも蓄積しなければならない。明治二〇〇年となろうが二五〇年となろうが、いい加減な総括はやはりいけない。読者の叱正を恐れ仰ぎつつ、筆を擱くこととする。

参考文献

五百旗頭薫「嘘の明治史――福地櫻痴の挑戦」『アステイオン』八四号、二〇一六年五月
五百旗頭薫「嘘の明治史――循環の観念について」『アステイオン』八五号、二〇一六年一一月
北岡伸一『官僚制としての日本陸軍』筑摩書房、二〇一二年
奈良岡聰智『対華二十一ヵ条要求とは何だったのか――第一次世界大戦と日中対立の原点』名古屋大学出版会、二〇一五年
松沢裕作『自由民権運動――〈デモクラシー〉の夢と挫折』岩波新書、二〇一六年
吉野作造講義録研究会編、五百旗頭薫・作内由子・伏見岳人責任編集『吉野作造政治史講義――矢内原忠雄・赤松克麿・岡義武ノート』岩波書店、二〇一六年、及び同書中の五百旗頭薫「吉野作造政治史の射程」

I
戦後歴史認識の変遷を読む

第一章　吉田茂の時代――「歴史認識問題」の自主的総括をめぐって

武田知己

はじめに

近隣諸国に対する侵略戦争や植民地支配に対し、日本はどのような罪を負っているのか。そしてその責任をどう認識し、どう果たすのか。こういった問題をめぐる、いわゆる「歴史認識問題」は、一九八〇年代以降に先鋭化した。二〇一五年から一六年にかけて日米間での歴史和解を象徴する出来事が相次ぎ、近隣諸国とのそれへの波及効果も期待されているが、問題は現在も燻り続けている[1]。

他方で、この問題の解決は実証歴史学の力の及ばないものであるようにも思われる[2]。最大の問題は、この問題が、しばしば実証歴史学の成果を踏まえずに議論されることであろう。戦後七〇年もの間、日本や関係諸国の歴史学者は、あの戦争の実態の実証を地道に進めてきた。その結果、日本があの戦争において侵略的な行為を全くおこなわなかったと考える者は学界では殆どいなくなっており、逆に、連合国がアジア民族に対して差別的見解を抱いていたことや時には残虐行為をおこなってきたことも冷静に分析されるようになっている。こうした相互理解の進展を踏まえれば、学術レベルでの和解が不可能だとは思えない。

にも拘わらず（また実際に学術面での和解が進んでいるにもかかわらず）、政治レベルでの和解が進まないのだとすれば、そこには実証歴史学の力の及ばない種々の力学が働いているからだと考えざるを得ない。歴史認識問題が八〇年代以降に本格化するのは、そういった力学がそのころから特に本格的に働き始めるからなのであろう(3)。

こうした理由からも、本章で扱う敗戦前後から一九五〇年代までの時期（以下、占領独立期）は、歴史認識問題の「空白期」、せいぜいいって「前史」として扱われる傾向にあったことは否めない。だが、この時期は、一九八〇年代以降とは異なる意味ではあったが、あの戦争の歴史をどう理解するのかということが重要な意味を持ち、政治性を帯びた時期であった。それだけでなく、この時期に議論された諸論点の中には、あの戦争の理解の仕方をめぐる根本的な問いを鋭く突きつけるものすらあったのである。こうした占領独立期の歴史認識をめぐるいくつかの道筋を描くことが本章の目的である。

本章ではそれらを三つの流れにまとめたい。すなわち、東京裁判への道、サンフランシスコ講和体制へと続く道、そして、「オールド・リベラリスト」たちの敗戦前後の動向から戦争調査会（後述）へと連なる道、の三つである。第一、第二の道は比較的よく知られている道筋であろう。しかし、第三の道に関しては、近年、関係資料が復刻され、研究の端緒が開かれた状況にある[4]。この第三の道は、第一、第二の道がいわば「他律的」な歴史認識を示したものであるのに対し、日本人が「自律的」に歴史を総括する可能性を有していた。結果的にそれは叶わなかったのであるが、本章では、特にこの「第三の道」の可能性と限界を描きながら、日本が歴史認識問題を自主的に総括する可能性とその限界について考えていくこととしたい。

ところで、「オールド・リベラリスト」とは何者なのか。実は、これは逆コースや保守反動といった言葉同様、戦後のジャーナリスティックな用語の一つであり、厳密な学問的定義を有しない。彼らの共通項は、戦前・戦時において、軍部の台頭を批判し、戦争への道を非難し、言論の自由を主張した者たちであった。しかし、戦後の彼らは天皇制を擁護し、日本の社会主義化にも批判的であり、占領独立期を過ぎる中で、戦後左派から「保守的」と批判されるようになっていく点も共通していた[5]。

しかしながら、この時期に、あの戦争をめぐり、日本人による自主的な歴史の総括を主張したのは、他ならぬ彼らオールド・リベラリストたちであった。そうした主張の実現可能性と挫折の理由を考えることは、時に感情的といえるほどに政治的あるいは教条主義的な歴史理解が台頭し、戦争の実相を理解することが困難になっている歴史認識問題への有効な批判ともなりうる。もちろん、彼らの間には相違点も少なくなかった。しかし、戦後に、日本が自らの手で戦争を総括していないという批判がしばしば見られることを考えれば、かれらオールド・リベラリストたちが戦争への道を歩んだ日本へ違和感を持ち、それを検証しながらその歴史を総括しようとした可能性を追うこと自体に意味がある。

最後に、彼らの議論が、憲法九条に象徴される戦後の「平和国家」論[6]とは異なる起源を持ちながらも、一部重複しながら発展してゆく点は、この時期の「歴史認識問題の歴史」として興味深いともいえよう。

敗戦前後から、内発的に、あの戦争の経緯と実像を理解し、戦後日本の「国のかたち」を考えた、歴史的実体を持つこの試みが、いったい、どのような歴史的総括に結びつきえたのか。それは、東京裁判史観やサンフランシスコ体制とどのような関係にあるのか。以下、見ていきたい。

一　東京裁判史観とサンフランシスコ講和体制

東京裁判史観

敗戦前後から占領、そして独立へと向から占領独立期。この重要な時期における歴史認識問題に関連する事柄として最初に取り上げたいのは、極東国際軍事裁判、いわゆる東京裁判への道である。[7]

東京裁判は、周知のように、戦後の一九四六年から四八年にかけて、連合国一一ヶ国が日本指導者二八名の国際法上の責任を追及した戦争犯罪裁判である。戦争犯罪を裁くこと自体は、第二次世界大戦終結前から連合国側が企図していたものであり、枢軸国側でも予期していたことであった。未知数であったのは、その方法と性格がどのようなものとなるかであった。連合国内部でも議論があり、当初は、ナチスの指導者たちを即決処刑する方式を採用するという意見が有力であったものの（アメリカの財務長官であったヘンリー・モーゲンソーなどがそうした強硬論者の一人であった）、即決処刑方式は、中世的な野蛮な裁判方式であるという批判もあり、戦争犯罪者なるものを選び出し、裁判を受けさせるといういわゆる「文明の裁き」方式（陸軍長官であったヘンリー・スティムソンに代表される）が採用された。

そして、一九四五年六〜八月におこなわれたロンドン会議において、三つの戦争犯罪、すなわち、平和に対する罪、通常の戦争犯罪、人道に対する罪が認められる。そして、最終的に、この三つの罪に関する訴因をめぐり、被告には裁判を受けさせるという方式が決定されたのであるが、この三つの罪のうち、平和に対する罪は侵略戦争の計画、準備、開始、遂行、共同謀議にかかわったことを国際法上の罪に問うものであり、人道に対する罪は戦前の行為、自国民への行為を含む、政治的な非人道的行為、人種・宗教的迫害を国際法上の罪に問うものであった。いずれも事後法であったことが知られている。

そして、このロンドン会議の末期の七月二六日に、日本に降伏を勧告するポツダム宣言が発出された。八月一四日にこの宣言を受諾する日本政府の意思が伝えられ、九月二日に降伏文書が調印されると、同宣言一〇項にある「吾等の俘虜を虐待せる者を含む一切の戦争犯罪人に対しては厳重なる処罰加へらるへし」という条項は、連合国が、日本にも戦争犯罪に関する裁判を実施する法的根拠として機能することとなったのである。

こうして、ニュルンベルク裁判（一九四五年一一月二〇日開始）に適用された前述の三つの規定は対日裁判にも適用されることとなり、一九四五年五月三日より裁判が進められ、四八年一一月一二日に二五名（三名は審理除外、病死）へ判決が言い渡された。

二年半にわたっておこなわれた東京裁判は、この戦争の責任は「戦争犯罪人」に帰せられるということ、また、三つの戦争犯罪を規定したこと、そして、こうした認識を前提に、一九二八年の張作霖爆殺事件からの日本の行動を侵略戦争として裁くという歴史観を有していたことになる。言い換えれば、この戦争は「戦争犯罪者」が起こし、彼らは通常の戦争犯罪だけでなく、共同で世界侵略を謀議し、遂行した罪も負っているのであり、さらにその戦争は日本が一方的に罪を問われるべき「侵略戦争」であった、というのである。

こうした見方は、いわゆる「東京裁判史観」といわれるものの典型であったが、こうした歴史観は一九四五年末から翌年の正月（一二月八日～一月七日）にかけて日本の主要新聞に連載され、のちに刊行された『太平洋戦争史』にも見られる。同書は、戦争を満洲事変から連続のものとしてとらえ、日本の軍国主義者の犯罪（軍国主義者の権力濫用、国民の自由剝奪、俘虜や非戦闘員への非道な扱いなども含む）を強調し、日本軍の残虐行為を批判するもので、戦後の日本で一定の読者層をえたものであった。(8)

日本と国際社会を接合するものとしての歴史認識

しかし、占領講和期には、こうしたいわゆる「東京裁判史観」とそうでない史観との対決は鮮明にならなかった。それもまた一九八〇年代以降の現象なのであった(9)。

では、占領独立期にかけて、東京裁判はどのようにとらえられてきたのか。実は、東京裁判は、敗戦国日本に課せられた「義務」にほかならなかった。そして、その義務の誠実な遂行こそ、敗戦国日本にとっての数少ない国際復帰の方法と見なされていたのである。

市ヶ谷の法廷の開廷直前、国際法学者の田岡良一が提示した意見がそうした典型の一つであった。田岡は、勝者の裁きという性格や罪刑法定主義からするこの裁判の問題点を十分に理解していた人物の一人であったにも拘わらず、「政策的見地から言へば、今回の戦犯裁判は交戦国の国民的感情を満足せしめる点に於いて、良い政策である」という。というのは「ここに言ふ国民的感情はただ戦勝国国民の其れのみを指すのではなく、欺かれて戦争に駆り立てられ、目隠しされて滅亡の深淵に陥し入れられようとした敗戦国の国民も含む」ものであり、いわば戦勝国と敗戦国の境を越え「国際法廷の審判の結果日本を戦争に導いたことについて真に責任あることが立証された人々が、この大戦に流された多くの血の償ひを自らの身によつてなすこと」が「世界の国民感情に合致する」からである(10)。

こうして、東京裁判において戦争犯罪者を特定し、刑の重さを決めることは、侵略国として糾弾されつつある良識ある日本国民が、国際社会とのつながりを持つ数少ない方法とみなされたのである。

これに対し、戦争に至った過ちを認めることを、有効な外交手段ととらえる発想を示したのが、こののち、戦後日本の立役者となった吉田茂であった。東京裁判が終了し、日本国憲法も制定された後の一九四九年一一月八日、時の最高権力者となっていた吉田は、施政方針演説で「(平和条約締結の)

実現を確実ならしむるためにも、わが国が国際社会の一員としてはずかしからざる民主文化の国家であることを内外に実証すること」が、必要であると語った。そして、「わが国の安全を保障する唯一の道」は、「新憲法において厳粛に宣言せられたる」がごとく、「非武装国家として、列国に先んじてみずから戦争を放棄し、軍備を撤去し、平和を愛好する世界の輿論を背景」として「文明国世界のわが国に対する理解を促進すること」であるとした。つまり、国際社会における信頼回復と平和国家としての安全保障とが表裏一体であるというのが吉田の認識であった。

この吉田の外交路線は、いわゆる「平和国家」論に立脚していることが明白であるが、この論理を支える最大の要素こそ、「過去の反省」だった。

つら〳〵敗戦の過去の事実を回想いたしまするると、過去において、たまたまわが国が国際情勢に十分の知識を欠き、自国の軍備を過大に評価し、世界の平和を破壊してはばからざりしことが、遂にわが歴史を汚し、国運の興隆を妨げ、国民に、その子を失わしめ、その夫を失わしめ、その親を失わしめ、世界を敵として空前の不幸を持ち来したのであります。軍備のないことこそ、わが国民の安全幸福の保障でありまして、またもって世界の信頼をつなぐゆえんであります。また平和国家として世界に誇るに足るゆえんであると私は確信いたすのであります。ゆえに私は、国民諸君が国をあげて、あくまでもこの趣旨に徹底せられんことを希望するとともに、国民がかく覚醒することを私は信じて疑わないのであります。(11)

この演説では、市民外交、講和促進、安全保障の三つが、「過去の反省」を軸に融合していることを見ることができる。

サンフランシスコ講和体制

次に重要な事柄は、講和条約締結以後の法的枠組みである。波多野澄雄はこれを「サンフランシスコ講和体制」と呼んだ。そもそも早期講和の動きはすでに芦田均内閣期にみられるが実現せず、それ以降、吉田のリーダーシップの下で、日本は講和独立に進んでいく。これ以降、講和条約、日韓基本条約、日中国交正常化までの間に積み上げられ、政府間での戦後処理の枠組みとなる体制が、「サンフランシスコ講和体制」である[12]。

この体制の説明と検証は、本章の対象とする時期を越えるが、政府間での解決の法的枠組みを提供したのはこの体制であった。そして、そうであれば、この体制と歴史認識問題それ自体は無関係であるようにも思われるが、そうではなかった。サンフランシスコ講和第一一条には、実は東京裁判への言及があったからである。日本は、東京裁判の判決（judgements）を受け入れるという一文がそれである。

一九五一年九月、吉田を全権としてこの講和条約に調印した日本は、これを国際的に公約して国際復帰を果たしたのであり、その意味で、サンフランシスコ講和体制は、歴史認識問題から見れば、東京裁判の延長線上にある。その意味で、この二つの道筋には、連合国が「勝者」あるいは「文明国」として正義を独占したいとする意思や冷戦という国際環境におけるアメリカの戦略的意図が働いたことは否めない。(13)

しかし、東京裁判から講和に至るまでの日本外交は、日本の戦争責任とは何か、それをどう裁くのかという点をめぐる問題を知りつつ、裁判に誠実に協力し、国際社会の信頼回復に努めた歴史であった。前述の吉田の演説にあるように、それだけが「我が国安全幸福の保障」だったからである。

しかも、サンフランシスコ講和条約締結五周年を迎えた一九五六年、「平和条約締結五周年を迎えて」と題する一文を公表した吉田は、自らが作り上げた外交作品と言えるサンフランシスコ条約には「戦争の後始末として未解決の問題が幾多あること」を指摘し、「ソ連との関係」「賠償の計画」「通商条約」「ガットとの関係」に加えて、韓国との国交正常化、中国とのそれ、さらに、「何よりも捨て置き難き問題」として、「抑留者の問題」「裏南洋や小笠原の邦人復帰問題」を挙げたものの、歴史認識問題には触れなかった。占領独立期の日本をリードした吉田の国際的信頼回復への意思はそれほど強いものだったのである。(14)

二　敗戦前後

以上、占領独立期における歴史認識問題を考えるうえで重要な二つの事柄についてみてきたが、ここで話を、いまだ戦時中であった昭和一九年に戻したい。そして、「第三の道」というべきオールド・リベラリストたちの動向を、ある小さな研究所の設立に遡ってみていきたい。

清沢洌と日本外交史研究所の設立

昭和一九年一二月、東洋経済新報社内で「日本外交史研究所」という小さな研究団体が産声を上げた。その主催者は、清沢洌。彼は、昭和戦前期に活躍したジャーナリストであり、当時はよく知られた言論人の一人であった。

日本外交史研究所は、実際は、清沢の主催する小さな研究会に過ぎなかった。その活動期も短く、これといった業績も残されていない。しかし、この研究所は、いまだ戦時中であった時期から、日本があの戦争の過ちがどこにあったのかを探り、その実相を検証しようとした試みとして、見逃すことのできないものであった。

研究所の設立に至る関係記述を、清沢の日記(15)から探してみよう。最初の記述は、遡ること一年余り、昭和一八年一二月二八日にある。清沢は言う。「日本外交史研究会［ママ］の設立趣意書を書く。けだし年来の希望を出現し、かねて生活的にも備えんとするもの」。翌二九日、清沢は、その趣意書を東洋経済に提出している。

年が明けた翌一九年一月三日、清沢は、旧知の実業家で中国通として知られた高木陸郎（中日実業会社副総裁）を訪問する。研究所設立のための資金援助の依頼であった。高木から満鉄の小日山直登に相談すべきというアドバイスを受け、「成程いい知恵だ」と記した清沢は、さらに、同月二六日には「日本外交史研究会の事について、小林氏、三井氏に相談」している。小林とは阪急の小林一三、三井とは三井家の三井高雄のことである。後日、大倉財閥にも相談するが断られている（昭和一九年九月二七日の条）。

その二ヶ月後の一一月二〇日には、元外相の幣原喜重郎に発足式での記念講演を依頼した。発足式は、一二月五日に迫っていた。

発足当日の日記によれば、参会者は二三名。「たまたま小野塚博士［喜平次］の告別式あり。穂積［重遠］博士、蠟山［政道］君等はそのため欠席」したという。おそらくは、二五人程度の会員で発足したのだろう。発足式の場所についての記述はないが、芦田均の日記によれば、東洋経済新報社であったことが確認できる（昭和二〇年一二月五日の条(16)）。

また、当日、清沢も一場の演説をおこなった。彼は、研究所の事業として「外交家の経験談の蒐集」「外交史の特殊的研究」「外交史辞典の編纂」「英語への翻訳」の四点を挙げた。そして「これから自らの報酬をせざる旨を明言」する。清沢にとって、研究所は、生活のためでもあったはずだった。実質的な主催者でありながら無報酬で運営してゆく覚悟を示した清沢の真剣さを伝えて余りある挿話である（昭和一九年一二月五日の条）。

戦時の歴史研究と「オールド・リベラリスト」

こうして外交史研究所の設立と運営の主導者となった清沢であるが、戦時期の彼は、なぜこれほど外交史研究にのめり込んだのか。

彼は、戦争前には、日米関係の維持を主張し、対米戦争や開戦に至るプロセスを主導する主戦派や右派に批判的だった。開戦後に書き始められた戦時日記においても、清沢は日本の排外主義的な言論を煽った人物を批判して倦むところがない。特にやり玉に挙げられるのは徳富蘇峰、鹿子木員信《かずのぶ》ら「言論報国会」（一九四二年一二月設立）の中枢に位置した人物であり、さらに一九二〇年代以降、日本外交の批判者、特に幣原喜重郎の主導する対米協調・対中国不干渉外交の批判者として活躍していた元外交官・本多熊太郎ら右派・強硬派の言論人であった(17)。

ところが、清沢は、こうした右派批判を大っぴらにしなかった。批判が度を越えれば取り締まりの対象になりえたからである。そうした鬱憤をはらすかのように、戦時期の清沢が没頭したのが歴史研究だった。

まず、彼は、近代以降の最初の近代日本外交（清沢にとってみれば現代日本外交史）の通史というべき『日本外交史』（上下巻、一九四一年。翌年に増補の上、合本）を書き上げる。現代の研究水準からみれば細かな事実に異論もあるが、骨太の歴史観には今も多くの外交史家が魅了される名著である。さらに、清沢が後の『日本外交年表竝主要文書』上下（原書房、一九五三年）の基礎となる外交年表や資料の類を整理したのも、この時期の研究成果だった。日本外交史研究者必携の書となった同書は、戦時期には刊行のあてが付かず、結局、非業の死を遂げた清沢の原稿を外務省が買い上げ、戦後によ

うやく陽の目をみたのである。(18)

これらに加えて、石橋湛山が主催する国際関係研究会の常務理事を「外交史の研究を進めること」を条件に引き受けたり（昭和一九年四月一〇日の条）、外務省関係の会合などで、たびたび談話・講演を聞いたりしていることも確認できる。(19) こうした関心の延長上に日本外交史研究所があることは明らかだろう。

しかし、この研究所が興味深いのは、ここに、昭和戦時期に逼塞していた戦前の自由主義者が勢ぞろいした観があることである。会の発足時の日記から参会者を列挙してみると次のようになる。

［元外交官］　幣原喜重郎、松田道一、柳沢健、田村幸策、信夫淳平
［ジャーナリスト・著述家・学者］　石橋湛山、桑木厳翼、鈴木文史朗、伊藤正徳、高橋雄豺、小汀利得、馬場恒吾、高柳賢三、松本烝治
［実業家］　三井高雄、飯田清三、高木陸郎、宮川三郎
［政治家・官僚（元政治家・官僚を含む）］　植原悦二郎、芦田均、鮎沢巌

（『暗黒日記』昭和一九年一二月五日の条より作成）

多様な職種をそろえているが、彼らは皆、戦前戦時に軍国主義や国粋主義からは距離をとり、自由主義的な立場を貫こうとした者であった。日本外交史研究所は、戦前戦時に逼塞していた彼ら「オー

ルド・リベラリスト」の結集体でもあったのである。

幣原喜重郎への談話聴取

ただ、すでに述べたように、その後のこの会の活動期は長くなく、実質的には大きな成果を出さずして終わっている。清沢自身が肺炎をこじらせまもなく急逝したことが致命的だった。わずかな手がかりとして残されているのは、研究所の発足式に参集した幣原から聴取した談話記録である。以下では、この記録をもとに、外交史研究所の歴史認識の一端を再構築してみる。[20]

まず、清沢は、幣原からの談話聴取のトピックとして、幣原の外交官人生のハイライトとも言えるワシントン会議や日中関係に関するものを選んでいる。第一次世界大戦後の日本外交を、次官、駐米大使、外相として支え続けた幣原は、清沢に対し、ワシントン会議という大がかりな国際会議を主催する上でのアメリカ内部の政治調整の困難、アメリカの日英同盟への懸念、さらには対米外交をめぐる日英間の亀裂などを、かなり率直に語っている。駐米大使であった幣原はヒューズ国務長官の信認厚く、内密に相談を受けていたことやイギリス代表団のハンキー卿とのやりとりの一端も隠していない。[21]

さらにもう一つ、幣原と清沢の関心は、満州事変前後の満州問題に据えられていることも興味深い。幣原は「陳友仁君が日本にきて、いろいろ話し合いをしたことがある〔注——陳は王兆銘を首班とする広東政権の外交部長〕。〔中略〕陳友仁君が東京にきたのは昭和六年七月のことだった。早速私に会いに来た。私は据る［ママ］なりに「貴方は満洲を売りに来たとか噂されてますが、貴方がその委任状をお持ちかどうかしりません。仮りにすつかり正当な準備を整へて居られましても、こちらでは無条件では受け取りません。その条件として満州人を全部勃海に投げ込む権利が欲しい」と同君に笑ひながら云つた。同君もそれを聞いて笑つた。〔中略〕陳君は暫くして真面目になつて、御笑話の中に真理が含まれて居りますといつた」と語り、続けて次のような陳の発言を清沢に語っている。

同君の意見は満洲を特別のステタスに置きたいと云ふにあつた。張学良はその歳入の八割を軍備に使つてゐる。しかし左様に軍備を拡張しても、事件が起これば直ちに日本軍のために圧迫されつくすのである。これは愚だ。そこで満洲では総督制度をやめてハイ・コンミツシヨナー組織*にする。ハイ・コンミツシヨナーには兵馬の権がなく、巡督を置いて治安を維持するのである〔中略〕支那が単に領主権を持ち、ハイ・コンミツシヨナーはノミナル［注――nominal 名目的］な支那の承認の下に日本が任命するような仕組みにしたらどうだろう。これが大体陳君の処分案の要領だった。

*――ハイコミッショナー組織とは、おそらくイギリスでは連邦内に置かれた高等弁務官制度（High Commissioner 制度）のようなものを意味すると思われる。

満洲（満蒙権益）をめぐる利害の衝突が、日本外交史の岐路であったことを知る我々は、満州事変前に、当時の中国の一部の勢力からもたらされたこの提案に、大きな関心を引かれる。しかし、幣原がこの挿話を語っている真意は、この案がむしろ満洲事変直後に再び日本に持ち込まれたという点にあるように思われる。幣原は、満洲事変が起きた後、陳友仁が次のように語ったと言う。「[事変が起きて]実に残念だが、ただ一ついいことがある。いつかお話ししたハイコンミッショナー制度が実現できること、これだ。張学良を追ひ出せば、満州は奇麗[ママ]になるから、これを実現するにはいい機会ではないか。日本はどうするつもりかお伺ひしたい。」そして陳がこのとき持参した案の中には、「右の満洲処分案の外に日支同盟案といふのがあつた。この二つが表裏をなしてその日支関係調整案を形成するといつてよかろう」と幣原はつけ加えている。もちろん、我々は、一九三〇年代において、満州と日本を一定の平等性を保ちつつ結びつける「ハイコミッショナー制度」も「日中同盟案」も、ともに実現しなかったことを知っている。現実に起きたのは、満洲国建国の強行であり、それをめぐる国際連盟との軋轢であり、華北への進攻、そして中国との全面戦争の勃発であった。それがやがて世界戦争への道を舗装しておこなった。

しかし、ここで注目すべきは、こうした談話を語る戦争末期の幣原と清沢が、満洲事変以降の現実への痛切な批判を提示しているという事実だろう。そして、幣原が、外相を務めた二〇年代の対中国政策に強い自負心を持ち続けたこと（後述）を考えれば、ここに示唆されているのは、三〇年代日本外交への違和感にほかならないのであった。

三　オールド・リベラリストの共通点と差異

三〇年代への違和感

現在、我々は一九二〇年代と三〇年代の日本外交の質的な相違を前提にあの戦争の歴史を学んでいる。こうした論理は、たとえば二〇一五年の安倍総理の談話にも端的に述べられ、広く国民に行き渡っている理解のように思われる。そのような歴史観は、世界恐慌あるいは満洲事変の衝撃を強調し、それ以前の国際協調外交をそれ以後のブロック化や国際的孤立化、あるいは独伊への接近と対比させる。幣原は、よく知られているように、二〇年代の国際協調外交の代表的人物だ。黄金の二〇年代を担った幣原の三〇年代への違和感も当然なのかもしれない。

また外交史研究所を立ち上げた清沢も、近代日本における国際協調の水脈を記録に残すことに関心を持っていたように思われる。その証拠は、清沢が、幣原の後には、パリ講和会議の全権の一人であり、一九三〇年代には内大臣として親英米派の一人と目されていた牧野伸顕へのヒアリングを計画していたことである（昭和二〇年二月一〇日の条）。それもまた三〇年代への違和感の表明であったといえよう。

戦時期の吉田も、また一九三〇年代に強い違和感を示しつづけた人物の一人であった。広田弘毅内閣では外相就任目前で、牧野を義父にもち親英米的であるというので軍部にそれを阻止されたのが吉

田であった。そして吉田は、戦時中、清沢や幣原としばしば会合し、親しい意見交換を保ち続けていたのである。(22)

しかしながら、二〇年代と三〇年代のいずれに親近感を有するかという点でオールド・リベラリストの政治的立場を一緒くたにすることはできない。彼らの何が共通しており、どのような差異があったのかを整理しておくことも必要である。

二〇年代と三〇年代の距離

そもそも、国際協調論者として知られる幣原も、実はいわゆる満蒙権益を絶対視していた。満洲事変時には関東軍や朝鮮軍にきりきり舞いさせられた若槻礼次郎内閣の外相だった幣原は、それにもかかわらず、その後も満蒙権益の擁護においては人後におちなかったのである。清沢の親友・馬場恒吾は、満洲事変後の幣原の、次のような言葉を伝えている。

〔幣原を訪ねた人が〕今後の支那に対する忠告はないかと問ふた。幣原は答へて、今日支那は満洲国の独立を認めぬとか云つて、国際連盟で運動してゐるが、それが又愚の骨頂だ。満洲国の独立は現実の存在になつてゐる。その独立を取り消さうなどと云ふことは理論の遊戯としては面白いかもしれぬが、最早実際政治の領域のものではない。(23)

逆に、幣原にかわり、一九三〇年代の、そして戦時の日本外交を担った人物はどう考えていたのだろうか。そうした人物の一人に重光葵がいる。彼は、満洲事変以後に外務次官、駐ソ大使、駐英大使を歴任し、一九四三年四月には外務大臣となって、満洲事変以降のアジアモンロー主義的な政策や大東亜共栄圏外交を遂行した一人として知られる。

その重光は、実は、清沢の強烈な批判対象だった。重光が東条英機内閣の外相となったときの日記に、清沢はこう書いている。「重光は大のオポーチュニストにて、今までとても軍部の色を見てはロンドンとモスクワから［国際情勢や政策に関する］報告を書いていた。出世主義の雄なるもの」（昭和一八年四月二一日の条）。また、後にこうも言っている。「重光はソ連にいても、ロンドンにいても、強力勢力のテーストに向くようなことばかりいって来たものであって若い官吏たちはこれに心服しなかった」（昭和一九年一二月九日の条）。重光はむしろ戦争主導者だといわんばかりの口吻である[24]。

しかし、清沢が批判する重光と、清沢が尊敬してやまない幣原との間には、二〇年代半ばから満洲事変期までに大臣とチャイナハンズとしての親しい関係があった。重光も幣原外交の限界は意識しながらも、二〇年代に幣原外務省を支えた自負心は失っていないし、重光も国際協調への強い意志を有していた。そうした二人は戦争末期にも戦後構想を巡り、意見交換をしている[25]。重光が幣原よりもはるかに強気な攻勢的外交方針を持っていたことは確かであるものの、戦争末期に至るまで両者が完全に対立しているわけでもなかったのである。

しかも、国際協調主義者であった清沢も、他方ではこんなことも日記に書いている。

いわゆる強硬外交は成功する。それが一定のところで止まればだ。日本が満洲事変で、イタリーがエチオピアで、ドイツがミュンヘン会議で止まればそれは成功する。イタリーのエチオピア戦では連合国は失敗を認め、中立諸国（第一次世界大戦）は経済封鎖中止を公式に宣言した（一九三六年六月二五日）。問題は、そうした諸国はそこで止まれるかどうかである。

（昭和一八年一二月三〇日の条）

これは、戦争末期の重光が、秘書の加瀬俊一の主催する知識人との会合（三年会と呼ばれた）で、「軍も満洲事変だけで止めておけば満点でした」[26]と語っているのと見事に符合する。つまり、一九二〇年代と三〇年代の日本外交の距離は意外と近かったのであり、戦前・戦時のオールド・リベラリストたちは、現実主義的な対外観を有し、観念的歴史論というよりも実際的な政策論を展開していたといえる。

反共主義をめぐって

他方で、オールド・リベラリストに共通するといわれる特徴の一つに、反共産主義がある。反共主義にも個人差があり、また共通項もあった。

例えば、清沢は、アメリカ人を米獣と呼んだり、ユダヤ人と共産主義者の陰謀として国際情勢を解釈したりするような戦時日本の反知性的な傾向を、封建制とコミュニズムの結合（昭和一八年一二月二〇日の条）と呼んで忌み嫌った。その意味で清沢は極端な右翼も左翼も嫌っていたのだが、反知性主義的な右翼的言動よりは左翼の知的営為を評価したきらいがあった[27]。

強烈な反共主義は、むしろ、昭和二〇年二月に書かれたいわゆる「近衛上奏文」に示されている[28]。満洲事変以来の歴史は、陸軍の統制派に多いとされた隠れ共産主義者の陰謀により起こされたという陰謀史観に彩られ、共産革命が起こされる前にアメリカに対して降伏すべきと訴えるこの上奏文には、清沢とも親しく交流していた吉田が関わっていた。しかし、その背景には、対英米一辺倒というべき吉田の対外観も反映されていた。つまり、共産主義の陰謀の強調は、戦後に親英米路線を選択するための弁明という性格も有していたのである[29]。

しかし、同じく親英米派といってよい幣原は、三〇年代には防共協定締結後の日ソ関係の緊張緩和のために裏面での日露漁業条約改定に関する工作もおこなっており、共産主義への警戒心ははるかに小さかった[30]。また、清沢も、戦時期のソ連を仲介とした英米との和平工作に一定の賛意を示している（昭和一九年三月三一日の条）。戦争末期、常に交流を持っていた吉田、清沢、幣原との中では吉田の反共主義が突出していたということになろう。吉田も、戦後初期には左派の知識人を重用して戦後の危機に対処しようとしたことが知られているが、やがて保守勢力の中核として戦後の保革対立をけん引することとなる[31]。

重光はどうだったろうか。実は幣原が対ソ工作をおこなったのは重光が駐ソ大使就任の直後であり、清沢がソ連仲介による対英米和平工作に期待を寄せたのは、重光外相時代であった。戦後にも日ソ国交回復の担当者となった。重光はソ連と一貫してかかわりを持っていた外交官であったが、重光自身のソ連嫌いは、吉田を上回ることはあっても下回ることはなかったろう。それでも彼がソ連との接触を保ったのは、一方では政治状況の産物だったといえようが、他方で重光が、戦前戦時に進んだ日本社会の平準化や社会主義の影響力について、吉田よりも一定の理解を持っていたことも影響していよう。つまり、共産主義に対する情緒的な反感よりも、いわゆる福祉国家化が進む歴史的実態を見据えた冷静な時代分析が重光にはあった。その重光は、戦後は中小企業対策や社会保障政策を重視する改進党の総裁となり、保革対立の間に分け入って独特の政界再編を目指す進歩勢力を率いることとなる(32)。

日本の対中（アジア）政策の過誤

こうしてみると、オールド・リベラリストには、国際協調や国益、イデオロギーを現実的にとらえ、対処するという共通項があったといえる一方、彼らの差異は、どのようにすれば国際協調が可能であり、どのようにすれば国益を擁護拡大できるのか、そして台頭する共産主義にどのように対処し、広い意味での社会政策の必要性をどの程度重視するのかという、いわば「政策論レベル」での差異であったということができる。

また、従来指摘されてこなかった感が強いが、日本の対中国政策の過誤をどう認識しているかという点をめぐる差異も重要な意味を持つ。

この点で、突出して近代日本の対アジア政策の過ちを主張しているのは、幣原、そしてそれ以上に重光であった。一九三〇年代の幣原が、しばしば現実外交に忠言していたのは対中政策に対しても同じであった。一九三七年夏、日中戦争が勃発すると、ドイツ大使了解の下に和平工作の話（いわゆるトラウトマン工作開始以前のドイツ仲介案）がドイツの記者から幣原の下に届けられている。幣原はそれをすぐさま外務省にとりついでいる。しかし当時の広田外相はそれを拒絶した。幣原は昵懇の石射猪太郎東亜局長に「つくづく外交を知らぬ者にかかつてはしかたのないものだと痛嘆」したという。また、阿部信行内閣が成立すると、旧友大平駒槌を通じて「支那事変処理」の私案を提出したりしている。(33)

こうした幣原の日中関係への強い関心は戦後にも続いた。幣原は「私は霞が関にをつた頃から、実はその前から、日支両国の関係に就いては、親善提携理解することの必要性を強く信じてをつたのでありまます。その当時でもさうであつたが、今日でもその信念は変らぬのである」(34)と講演しているのである。

敗戦前後の重光の発言は、より踏み込んでいる。昭和二〇年三月にも同様の趣旨の発言がみられるが、降伏文書調印式前の八月二八日、重光は新聞記者を前に次のように語った。それは、敗戦後の最も早い時期に、帝国日本の体制内部から、近代日本の対中（アジア）政策を反省する機運があったことを示している貴重な例である。

今日は明治時代とは世界情勢を繞り日本の地位も変わつてゐる。吾々は明治時代の努力をすると共に明治時代の過ちを犯してはならぬ。〔中略〕［私が］明治時代の三大欠点［としてあげたいもののの一つは］言葉は困るが「チャンコロ」政策であった。日清戦争は已むを得すやつたのだか、日清戦争が終結してからも「チャンコロチャンコロ」と呼んで、明治時代が如何に規模のちいさいものであつたのかか判る。(35)

実は、このような戦前の対中（アジア）政策を反省すべきであるという意見は、当時の一般世論の中に探し出すことも出来る。同じころ、憲法研究会の一員として活躍する戦前の評論家・室伏高信は、昭和二〇年一一月発売の雑誌『新生』創刊号において、次のような発言を残している。

われわれが戦争の責任を糾明すべしといふのは、一つには世界に対するわれわれの義務をはたすことであるが――とりわけ中国四億の平和な国民について我々が国家の名において何をなしたかを想起せよ。中国から満州を奪ひ、これをわが軍の鉄鎖のもとに繫いで王道楽土と称し、満蒙を奪ひ、北支を蹂躙し〔中略〕いく百千万の人たちを殺戮し、家を焼き〔中略〕それだけでもこの戦争の犯した罪悪は陥天のものである。――他方ではかかる戦争の責任を明らかにすることによつて、国民を奴隷から救ひ、人間的権威と意識とを呼び戻し、新しい日本を新しい魂と秩序のうへに立ててゆくことである(36)

ここに、政策当局者の政策的反省とは異なる「倫理的反省」とでもいうべき類型の原型が垣間見られるように思われるのは、特に注目に値する。のちに述べるように、戦前の対中（アジア）政策を自己（日本）の過誤として理解する態度は、戦後外交の立役者となる吉田の外交路線に欠如していた点に他ならなかったからである。

以上述べてきたようなオールド・リベラリストの言動は、「保守的」「旧時代的」として単純化することのできない多様性と深みを有している。本章の関心から言って重要なのは、彼らが、それぞれの立場から、戦前日本の植民地支配と対外侵略に対するある種の反省を見せていることである。日本が、東京裁判とサンフランシスコ講和体制によって歴史への反省を「押し付けられた」というイメージが事実と異なることはもちろん、東京裁判ともサンフランシスコ講和体制とも異なる道として、日本人が自主的にあの戦争を総括し、自らの誤りを糺す可能性はゼロではなかったことも確かなのである。

しかも、こうした戦争の実態を検証するという試みが、一九四五年一一月、期せずして総理大臣となった幣原喜重郎の下で制度化されることになる。それが、内閣に設置された大規模調査会、戦争調査会であった。

四　戦争調査会の可能性と限界

戦争調査会

戦争調査会は、幣原内閣により、一九四五年一一月二四日に内閣に設置された。翌年九月三〇日、第一次吉田内閣の下で廃止されるので、活動期間は一年に満たない。なお、会の名称は当初は「大東亜戦争調査会」であったが、一九四六年一月以降、大東亜戦争という名称を公文書で用いることが禁止され、改称されている[37]。

設置の直接のきっかけは、一九四五年一〇月五日、終戦連絡中央事務局主催の各省委員会における、海軍の発言にあった。海軍は、GHQ／SCAPの了解の下、戦争に関する史実調査を始めており、その政府内での担当を内閣か文部省に引き受けてほしいと述べたのである（軍の消滅を念頭に置いての発言と思われる）。一〇月一五日には内閣調査局がこの事業を引受けることとし、「第二次世界戦史編纂ニ関スル件」が提出される。その後、事業は資料収集と調査程度にとどめるべきであって、戦史編纂には消極的な意見も出された。それを受け、一〇月三〇日、閣議に提出された「敗戦ノ原因及実相調査ノ件」において、調査会の性質は戦史編纂から「敗戦・戦争の原因と実相の徹底的な調査」へと変更され、同時に、調査会の目的は「敗戦に関して犯した過ちを繰り返さないこと」と、より踏み込んだものに変更される。そして、一一月二四日には、内閣調査局が内閣審議室へと改編され、戦争調査会が設置されたのであった。

以上のように、戦争調査会の設置には、一つには戦史編纂を主張する軍の意向[38]を内閣が引き受けたという政府内の動きが重要な意味を持った。

オールド・リベラリストの提言

しかし、戦争調査会設置に至る文脈はそれだけではなかった。敗戦前後に、盛んに戦争の実態調査が提言され始めたこともその背景にあったのである。

中でも重要だったのは、調査会設置時の首相であった幣原の意思である。すでに述べたように、三〇年代の日本外交に強い違和感を持ちつつ敗戦を迎えた幣原は、一九四五年八月の敗戦直後に「終戦善後策」を執筆、吉田を含め、広い範囲に配布した。そこで五項目の対策を提言した幣原は、その中で「敗戦より生ずる事態の重大性を、国民一般の胸中に明記すること」が必要であるが、そのために「政府は、我敗戦の原因を調査し、其結果を公表すること」と述べたのである。未だ首相となることを予想していなかった時期であったが、幣原が、未曽有の敗戦に伴う政治社会の混乱を「過去を反省すること」から防止すべきと考えていたことを考慮すれば、戦争調査会の目的を「過去の反省」としたのは、宰相となった幣原のリーダーシップの賜物と考えて間違いないと思われる[39]。

また、戦時期に清沢と外交史研究所の設立に参画した芦田も、国家の再生と国際的信頼の回復とを密接に関連させながら、「過去の反省」を戦後政府の大きな仕事と考えていた。一九四五年九月四日に『大東亜戦争ヲ不利ナル終結ニ導キタル原因並ニ其責任ノ所在ヲ明カニスルタメ政府ノ執ルヘキ措置ニ関スル質問』を執筆し、東久邇宮内閣に提出した芦田は、「自己批判と峻厳なる反省とを怠りて行動する者は、個人たると国家たるとを問ハず、没落の機運を招来すべし」と考え、敗戦後に「我が国民が現下の難境に処して冷静に過去の全過程を回顧し、国民的反省の機運とするは正に民族再生の第一歩」であるとした。そして、「世界も亦之によりて我方の崇高なる精神を感得すべきを信じて疑はざるなり」と述べたのである。(40)

この芦田のロジックが、すでに述べた一九四九年の吉田の施政方針演説とよく似ていることは明らかであろう。実際、戦争調査会設置時には外相であった吉田も、調査会の長官となった青木得三に「連合国側では大東亜戦争の戦犯を裁判に附して戦争の原因や実相を詳しくしらべやうとしているが、日本人のほうでは戦争の責任に対しては全く甘い考え方を持つてゐる。これではならぬから此際日本人自らも亦厳粛且つ慎重な態度を持つて戦争の原因及び敗因、実相等を明らかにして再びこの過誤を繰返へさぬやうにせねばならぬ」と語っていた。(41)さらに、戦争調査会の設置を審議した第八九回帝国議会でも、松村義一、斎藤隆夫らから、調査方法や調査項目等に意見の相違はあれ、事業それ自体には積極的な意見が出された。こうした指導者レベルでの意見の盛り上がりが戦争調査会の設置の背景にあったのだが、彼らの多くが、現在オールド・リベラリストと呼ばれる人物だったのである。

戦争調査会の構成

また、戦争調査会の構成を見ても、オールド・リベラリストの名が散見される。

総裁　幣原喜重郎（内閣総理大臣）　　副総裁　芦田均（衆議院議員）

事務局長官　青木得三（庶民金庫理事長）
・第一部会（政治外交担当）
会長　斎藤隆夫（衆議院議員）　副会長　大河内輝耕（貴族院議員）
同　片山哲（衆議院議員）
主な委員　高木八尺、松村義一、鈴木文四郎
・第二部会（軍事担当）
会長　飯村穣（元憲兵司令官）　副会長　戸塚道太郎（元横須賀鎮守府長官）
・第三部会（財政経済担当）
会長　山室宗文（元三菱信託会長）　副会長　渡辺銕蔵（元東京帝国大学教授）
主な委員　小汀利得、有沢広巳
・第四部会（思想文化担当）
会長　馬場恒吾（読売新聞社社長）　副会長　和辻哲郎（東京帝国大学教授）
同　中村孝也（元東京帝国大学教授）
主な委員　渡邊幾治郎、阿部真之助
・第五部会（科学技術担当）
会長　八木秀次（大阪帝国大学総長）　副会長　柴田雄次（名古屋帝国大学教授）

（富田論文、九二ページより作成）

また幣原が、当初戦争調査会の総裁就任をやはり戦前のリベラリストであった牧野や若槻に依頼していたことも興味深い(42)。一九四六年二月二六日、紆余曲折を経て最終的に幣原が総裁に就任するが、副総裁には芦田が就任し、政治外交の調査にあたる第一部会の会長には反軍演説で有名な斎藤隆夫が就任した。さらに馬場恒吾、渡辺銕蔵、高木八尺、大内兵衛、小汀利得、和辻哲郎などが他の部会の部会長や委員に就任している。内閣書記官長を務めた次田大三郎が作成したと思われる当初案には、ほかに、鶴見祐輔、安部能成、長谷川如是閑などの名前も挙げられていた。戦争末期の外交史研究所同様、戦争調査会にもオールド・リベラリストが参集した観が強かった(43)。

責任追及の危険性

しかし、「過去の反省」を積極的に、また「政治の責任」として進めるべきとした彼らオールド・リベラリストたちは、戦時期同様、微妙な相違を抱えていた。

相違点の一つは、個人の責任をどこまで追及するかであった。たとえば、幣原及び政府ではいわゆる一億総懺悔論的な発想が強かった。それは東久邇内閣から連続する傾向といってよかったが、その背後には、幣原が議会で答弁したように、「唯一般論と致しましては、戦争責任者の追究に付きまして国民の間に血で血を洗ふが如き結果となるやうな方法に依ることは好ましくない」という考えがあった(44)。

しかし、第八九帝国議会では実際に個人の責任追及がかなり積極的に議論された。斎藤隆夫は、個人責任を追及した一人であった。斎藤は「今日戦争の根本責任を負ふ者は東條大将と近衛公爵、此の二人であると私は思ふのであります。尤も此の両人だけが戦争の責任者ではない、他にも沢山あるでありませうが、苟くも政局の表面に立つて此の戦争を惹起した所の根本責任は近衛公爵と東條大将、此の両人であると云ふに付て、天下に異論ある筈はないのであります（拍手）」と述べて喝采を受けた。(45)

だが、この問題を突き詰めていけば、天皇の責任問題を論じざるを得ないという問題にぶち当たるはずである。戦争調査会は六八項目の調査項目を決定し、軍の台頭への着目、メディアの圧迫、教育の不足などから個別具体的な要因までを調査する方針であった。こうした過誤の積み重ねを究明していけば、長期にわたるその最終的な責任者はだれなのか、それは天皇ではないのかという疑問を惹起しかねない。近衛や東條が天皇の輔弼者であることを強調したら、斎藤が批判してやまない彼らの責任は、すぐさま天皇に帰することとなる。

他方で、一九四六年二月中旬には、GHQ／SCAPから憲法草案が示され、国体の変更を迫られる事態に陥っていた。(46)また、戦争犯罪者の起訴も続いているなか、天皇不起訴の決定がフェラーズから次田へ伝えられるのは、ようやく一九四六年三月二〇日であり、四月に方針が決定されたが、東京裁判の審議開始後も、裁判長シドニー・ウェッブは天皇訴追を追及する構えを崩さなかった。こうした状況は、国体の護持をあくまで追求する日本の戦争責任の追及を困難にしたのである。(47)

「開戦原因認識」の相違

もう一つの相違は、あの戦争の「開戦原因認識」にあった。

たとえば、近衛と東條の責任を追及してやまない斎藤は「申すまでもなく大東亜戦争は何から起つて居るのであるかと言へば、詰り支那事変から起つて居るのであります、支那事変がなければ大東亜戦争はないのである、それ故に大東亜戦争を起した所の東条大将に戦争の責任があるとするならば、支那事変を起した所の近衛公爵にも亦戦争の責任がなくてはならぬのであります」という。ここには、日中戦争原因論というべき歴史観が述べられているが、それは日中戦争への批判によって議員を辞職しなければならなかった斎藤の個性を反映していた(48)。

芦田均は、それとは異なる議論を展開する。芦田によれば、あの戦争の原因は「満洲事変ノ前後措置ヲ誤レルニ起因」するとする。「帝国ガ満州事変ノ結末ヲ平和的ニ処理シ国際的孤立ヲ避ケント欲スル限リ…当時妥協ヲ熱望シタル英国及ビ蒋介石政府並ニ満州問題ニ無関心ナリシ仏伊諸国ト前後措置ヲ協定シ逐次アメリカ及ビ蘇連邦トノ交渉ニ着手スベカリシモノト信ズ」。それをせずに「国際的孤立」を強め、独伊と結び、「東亜問題ヲ世界制覇ノ闘争ニ関連セシメ而モ地理的条件ノ上ヨリ相互援助ノ作戦ハ殆ンド不可能ニ終」わったとする。言い換えれば、芦田のそれは満州事変後の孤立外交原因論であった。満州事変以後、外務省を辞して政治家となった芦田は、この主張を一貫して主張してきたのであり、そこに芦田の個性があった(49)。

また、調査会で活発に議論を開陳した一人に、馬場恒吾がいた。馬場の基本的な意見は開戦したのがそもそもの間違いであったという立場であるが、馬場はその背景には日本が「世界の事情」に精通していなかったという欠点があったことをたびたび指摘した。そして、それは戦前の言論圧迫が原因であったというのである。また、「敗戦の原因」すなわち開戦前の日本の国際的な孤立化の原因を考えることは「平和国家の建設」を導くとする。その前提は、やはり言論の自由であると馬場は言う。吉田の平和国家論を、いわば言論界の立場から述べたのが馬場であった[50]。

歴史の中の太平洋戦争・国際関係の中の太平洋戦争

第四部会に所属していた明治史の研究者・渡邊幾治郎の議論は、こういった議論と性格をやや異にしていた。渡邊は、明治以来の歴史の中で過去を反省すべきであると考え、のちに『太平洋戦争の歴史的考察』をまとめている[51]。

渡邊によれば、戦争調査会では、この戦争が「我が軍部の専横と偏見とによつて惹起された戦争」であるという点に「議論が集注［ママ］されるさまであつた」。しかし、渡邊は「これ等の議論には多大の疑問と遺憾とを抱かざるを得なかつた」。なぜなら「苟も一国の興廃を決する大戦争が、内外情勢（観察は誤っていたかもしれない）の支持なくして、一部階級や人々によつて起さるるものであらうか、欺瞞や宣伝だけで国民がうごくものであらうか」という疑問を拭い去れなかったからである[52]。

では、渡邊の歴史観はどのようなものなのか。何よりも、「今時戦争を我が国史の展開のうちに眺め、その原因、禍根を明治維新の歴史のうちに、或は日本民族の性格のうちに発見せんとした」渡邊は、「同一事が前には国家興隆の因となり、後には国家滅亡の因となつたといふことに、特別の興味と考察」を向けたという。(53)

渡邊は、つまり、海外発展に対する旺盛な意欲が明治期の発展を支えたのだが、その後、国内における政治体制の後進性が対外的冒険を促し、満州事変以降の日本の錯誤を生んだというのである。「明治維新の洪業［ママ］、新日本建設のうちに〔中略〕或いは日本民族の性格、国土、人口から来る生活問題のうちに、国家の発展、隆昌の特殊原因があったとともに、そこにまた今次戦争の起因と惨敗の重大なる禍根が存在した」とし、(54)「前の成功は後の失敗となり、前の興隆の原因はのちの惨敗の原因となり、今日の不幸を招致した」という渡邊は、対外関係には「極めて慎重の準備、容易を要する。若しこれを濫用すればその害図るべからざるものがある…我が満洲事変以後の内外政治にはこの混用と濫用とが余りに多かつたことが思はるる」と評価し、指導者の錯誤と「国民の指導原理」の喪失が戦争の原因であると考えた。(55)

明治以来の大陸発展のある種の攻撃性を国家発展の基礎とする一方、他方でそれが戦争の起因であり敗戦という惨事の理由と考える発想は外でも見られないわけではなかった。実は馬場がその一人である。馬場は、第三部会と第四部会の合同部会で渡邊に歴史的視野で戦争をとらえる発言を促した人物であった。その際、次のように語っているのである。

明治六年の征韓論時代に西郷なんかな征韓論を唱へたのも、やはり大陸発展の意味だった。大陸発展、民族発展ということは、どうしてもどこかへ膨張するといふ一つの本能があると思ふ。それを一概に帝国主義といって拝撃すべきものかどうか。もし、それを帝国主義といふならば、すべての国が帝国主義だ。だから、戦争の原因は各国ともにあるものとごらんになるか、或は日本民族に特有のものがあるのか、さういふお話を［渡邊から］聴きたいと思つてゐる。(56)

また、馬場が二〇年代の対中政策について語っていることも興味深い。馬場は「満洲や支那辺りで日本人も悪いことをしたかも知れないが支那人にもひどい目に遭はされた。…私は考へるのに、満州事変を起こす前に、むしろ堂々と国際聯盟なんかに訴へて、如何に日本人が圧迫されてゐるかといふことを明らかにしたら、或いは満州事変を起こさないで何かもっとよい分別があつたのではないかと思ふ。あるいは支那事変も避けられたかもしれない」(57)と言うのである。筆者は未見だが『富舛嘱託「太平洋戦争論」』（昭和二一年三月作成）では、一九二〇年代の米中の政策に満州事変を惹起した責任の一端があり、他方で一九三〇年代の日本にも軍の暴走や松岡外交などの過ちがあるという議論が展開されているという。それと軌を一にするもので、これは国際関係の中で戦争の実相をとらえ、当事国間の責任を考えるという発想に他ならなかった。(58)

おわりに

以上みてきたように、帝国時代日本にも、多様で豊かな知性が満ちていた。そうした知性は、あの戦争を冷静にとらえ、そこから過ちと反省を汲み取る試みを早くから開始していた。

しかし、その実現は結局叶わなかった。第一に、そのころからの日本の世論は、帝国時代の日本政治に潜在化していた以上のような「豊饒さ」を全否定していく。それは東京裁判史観の影響からかもしれないし、また、いわゆる「ファシズム史観」の台頭の結果かもしれない。一九四六年二月には、スターリンの「モスクワにおける選挙人集会演説」[59]は、世界戦争を「資本主義国同士の戦争」に加えて「反ファシズム戦争」と規定し、特に後者を第二次世界大戦の最大の特徴とした。また、一九四八年一月から連載される雑誌『潮流』のファシズム研究（共同研究「日本ファシズムとその抵抗線」）は、当時、このファシズム史観に接近するアカデミズムの象徴であった。彼らに率いられた知識人層は、オールド・リベラリストの多様性も可能性も共に否定するようになり、オールド・リベラリストたちも、「ニュー・リベラリスト」らのある種の野蛮さから距離を取り始めるのである。[60]

また、第二に、日本がまさに巨大な変化の瀬戸際にあったその時、政府に歴史認識問題をめぐる「第三の道」をあくまで選択する余裕などなかったことも指摘できる。実際、戦争調査会は、第一次吉田茂内閣時の一九四六年九月三〇日に、ソ連や英連邦（オーストラリア）の反対により廃止されるのだが、戦争調査は次の戦争準備につながるのではないかという疑惑はかなり早くからあったようで、吉田も同年八月にはすでに廃止の内定を決定していた。

結局のところ、新生日本は粛々と東京裁判を受け入れ、サンフランシスコ講和を締結する道を選択したのであるが、最後の第三に、この道へと新生日本を率いた吉田のスタイルの強い影響力を指摘したい。

そもそも、吉田は「戦争は、勝ちっぷりもよくなくてはいけないが、負けっぷりも良くないといけない。鯉は俎板の上にのせられてからは、包丁をあてられてもびくともしない。あの調子で負けっぷりをよくやってもらいたい」との鈴木貫太郎の忠言を忘れなかったという(61)。日本を国際社会に復帰させ、世界に誇るべき豊かな国へと導いた吉田外交は、オールド・リベラリストたちの考えや試みをよく知りつつも、歴史認識問題に関しては、「戦勝国の枠組み」を全面的に受け入れた。その意味で、吉田は、この問題をめぐり、将来に禍根を残したとも言えるかもしれない。

しかし、我々は、そうした状況を受け入れることで、日本がようやく国際社会に復帰できたことを知っている。また、日本を取り巻く政治状況は、四八年ごろから急速に日本復興に有利となった。冷戦のアジアへの波及は、数年前には罵りあい、民族の興亡をかけて戦った日米両国をアジアにおける牢固な同盟国へと変えていった。戦争の根本にあった種々の確執や相違をいかに総括するのかは、やがて問題とされなくなってしまったのである。「吉田茂の時代」とは、結果的にではあれ、歴史認識問題を巡って、自主的総括を回避するという選択をおこない、それでよかった時代だった。

ただ、吉田には、敗戦前後に早くから指摘されていたアジア民族主義への対処を日本が誤ったという認識が欠如していたことも事実である。一九五三年一月、李承晩が訪日した時、吉田は「過去の過ちは日本の軍国主義者のためです。今後は絶対にそのようなことはないことを確言します」といったという。その背後には「日本の韓国統治が朝鮮国民に苦痛だけを与えたというのは事実に反すること甚だしい、むしろ、日本が韓国の経済発展と民生向上とに致し寄与は公正にこれを評価すべきであろう」という考えがあった。吉田にとっての中国問題も同様の発想だったのだろう。繰り返しになるが、戦前日本の対アジア政策の過誤を自覚する幣原や重光との大きな相違がそこにあった。(62)

また、吉田は幣原や重光が戦後に試みた「外交の自律化」にも大きな関心を示さなかった。戦前の外交の誤ちを繰り返すことを避けるべく、首相を辞した幣原は、衆議院議長となってから、サンフランシスコ講和の直前に最後の奉公として試みた自由党と社会党をまたいだ超党派外交を提唱した。重光は改進党総裁となってから、吉田との超党派での外交体制の構築を企図したのである。しかし同じ外交官出身であった吉田はこうした試みには冷淡だった。それは、戦後日本政治の要諦は「多数の掌握」であり、その多数は吉田の手に握られていたからである。

また、幣原の超党派外交が打ち切られたのは、吉田の社会党への嫌悪であったし、(63) 鳩山内閣で重光が進める日ソ交渉を「奇怪なる交渉」と呼び、ソ連との交渉を「国辱」と言って憚らなかったことも指摘しておきたい。(64) 吉田の反ソ反共主義は戦後になるとさらに強烈になっていったのだった。こうした吉田の政治姿勢は、保革対立の時代の「保守」のそれの典型であった。そして、こうした政治対立がいわば歴史認識の保革対立と重なっていくのが一九五〇年代であった。それもまた、「吉田茂の時代」の一面に他ならなかったのである。

註

（1）「歴史認識問題」の概要を知るうえで信頼できる研究として、波多野澄雄『国家と歴史』（中央公論新社、二〇一一年）、大沼保昭（聞き手江川紹子）『「歴史認識」とは何か』（中央公論新社、二〇一五年）、東郷和彦・波多野澄雄編『歴史問題ハンドブック』（岩波現代全書、二〇一五年）がある。本章の歴史認識問題に関する理解は、特に断りのない限り、以上の文献に依拠している。他の文献に関しては、本書第七章、第八章を参照のこと。

（2）そもそも、歴史学は、「なぜ」や「どのように」という問いにこだわる学問であり、「罪」や「責任」にこだわる歴史認識問題とは異なる次元にある。また、罪や責任を問うならば、他者による罪の認定や赦しという行為が伴わねばならないが、そうであれば、歴史認識問題とは、つまりは外交問題あるいは地域の抱える国際問題に他ならない。この点に関して、ドイツの戦後和解の経験をふまえたアントニー・ベスト（松本佐保・武田知己訳）「ヨーロッパからみたアジアの歴史認識問題」（『中央公論』二〇一五年九月号）が参考になる。

（3）日本の歴史学界の学問的な成果は、学者向け、一般向け、様々な形で公にされている。こうした成果の案内は、本書第七章を参照のこと。英語文献については、例えば、Loyd E. Lee, *World War II in Asia and the Pacific and the War's Aftermath, With General Themes: A Handbook of Literature and Research*, Greenwood Pub Group, Westport/CT, 1998 を参照。

（4）広瀬順皓編『戦争調査会事務局書類』全一五巻（ゆまに書房、二〇一五年）。

（5）近年、戦後のオールド・リベラリストについて触れたものに、例えば小熊英二『「民主」と「愛国」　戦後日本のナショナリズムと公共性』(新曜社、二〇〇二年)、上田美和『自由主義は戦争を止められるか』(吉川弘文館、二〇一六年)がある。

(6)平和国家論については、ジョン・ダワー(三浦陽一他訳)『敗北を抱きしめて　増補版』上下(岩波書店、二〇〇四年)、古関彰一『「平和国家」日本の再検討』(岩波書店、二〇〇二年。のち岩波現代文庫に収録)、和田春樹『「平和国家」の誕生　戦後日本の原点と変容』(岩波書店、二〇一五年)、豊下楢彦『昭和天皇の戦後日本』(岩波書店、二〇一五年)などが主たる業績である。

(7)以下の記述は、粟屋健太郎『東京裁判への道』上下(講談社メチエ、二〇〇六年)、日暮吉延「東京裁判」(前掲、東郷ほか編『歴史問題ハンドブック』)二七—二九頁を参照した。

(8)中屋健弐訳『太平洋戦争史 連合軍総司令部民間情報教育局資料提供 奉天事件より無条件降伏まで』(高山書院、一九四六年)。

(9)前掲、大沼『「歴史認識」とは何か』一九頁。

(10)田岡良一「戦犯裁判について」(『新生』第六号、一九四六年六月)、二一頁。

(11)以上、一九四九年一一月八日、第六回臨時会(参議院)吉田茂施政方針演説(データベース『世界と日本』、日本政治・国際関係データベース東京大学東洋文化研究所　田中明彦研究室より)。

(12)占領期の概略や吉田外交に関しては、楠綾子『吉田茂と安全保障政策の形成 日米の構想とその相互作用、1943〜1952年』(ミネルヴァ書房、二〇〇九年)、同『現代日本政治史1　占領から独立へ　1945〜1952』(吉川弘文館、二〇一三年)を参照。サンフランシスコ講和体制に関しては、前掲、波多野『国家と歴史』、第一部が簡潔に要点を纏めているので参照されたい。また、占領独立期のより詳しい基礎事項については、波多野澄雄編『日本の外交　戦後編』第二巻(岩波書店、二〇一五年)を参照のこと。

(13) 東京裁判の政治性については、判事団内部でも激しい議論があった（日暮吉延『東京裁判』講談社新書、二〇〇八年）。冷戦と日本外交については同上楠の二著や同上波多野編を参照のこと。

(14) 吉田茂「平和条約五周年を迎えて」『産経時事』（昭和三一年九月八日）（のち吉田茂『回想十年』第四巻、新潮社、一九五八年、一八八頁以下に収録。引用は『回想十年』より）。

(15) 清沢洌『暗黒日記』全三巻（ちくま学芸文庫、二〇〇二年）。以下、日記からの引用は日時のみ本文に記載する。

(16) 福永文夫・下河辺元春編『芦田均日記』全五巻（柏書房、二〇一二年）。日記からの引用は本文に日時のみ記した。

(17) 北岡伸一『増補版　清沢洌　外交評論の運命』（中公新書、二〇〇四年）を参照のこと。

(18) 北岡伸一「外交官出身総理の歴史意識」（吉田茂記念財団編『人間吉田茂』中央公論社、一九九一年）、また同『増補版　清沢洌　外交評論の運命』（中公新書、二〇〇四年）を参照のこと。

(19) 清沢は、日米関係への関心がすこぶる強く、野村吉三郎元駐米大使の講演を聞き日米交渉時の妥協の可能性を確認したり、坂本直道（坂本竜馬の甥。満鉄フランス支局で啓蒙活動に従事）から、日米交渉を妨害したのが松岡洋右であったことを聞き、日記に書き留めたりしている（昭和一九年八月九日）。

(20) この記録は、戦後に幣原の秘書となった岸倉松が整理した伝記資料の中に残されている。「幣原喜重郎男爵稿華盛頓会議ノ裏面観其他」外務省調査部第一課、日時不詳。「日支問題の想出　幣原喜重郎男爵口述　清沢洌筆記」日時不詳（いずれも、『幣原平和文庫』国会図書館憲政資料室所蔵、R—18）。記録本体には日付がないが、清沢の日記によれば、談話聴取の時期は、昭和一九年一二月一九日、二四日、昭和二〇年一月一八日の三回にわたっている。

(21) この時期の最新の研究として、中谷直司『強いアメリカと弱いアメリカの狭間で』（千倉書房、二〇一六年）。

(22) 北岡伸一「吉田茂の戦前と戦後」(『年報近代日本研究』第一六号、山川出版社、一九九四年)、一〇五―一三一頁、北岡、前掲「外交官出身総理の歴史意識」を参照。
(23)『幣原喜重郎』(幣原平和財団、昭和三〇年)、五六三―五六四頁。
(24) 戦時期の重光と清沢との間には、日本タイムズ（旧名ジャパンタイムズ）紙上における「ジャポニカス」工作という対英米世論工作を通じ、直接間接の交流が生まれているが、それでもこうした印象は変わらなかった。拙稿「外務省と知識人　１９４４―１９４５～「ジャポニカス」工作と「三年会」～（１）（２・完）」(『東洋研究』一八一、第一八七号、二〇一一～一三年)。
(25)「幣原男と大東亜戦争和平観　清沢洌手記」(『幣原平和文庫』R―12)。
(26) 富塚清『80年の生涯の記録』(私家版、一九七五年)、一九四五年三月一一日の条。
(27) 山本義彦『清沢洌の政治経済思想　近代日本の自由主義と国際平和』(御茶の水書房、一九九六年)、同『清沢洌その多元主義と平和思想の形成』(学術出版会、二〇〇六年）を参照。
(28)「昭和二〇年二月一四日近衛侯爵天機奉伺ノ際時局ニ関シ奏上ノ要旨」(木戸日記研究会『木戸幸一関係文書』東京大学出版会、一九六六年)、四九五―四九七頁。
(29) 庄司潤一郎「「近衛上奏文」の再検討―国際情勢分析の観点から―」(『国際政治　終戦外交と戦後構想』一〇九号、一九九五年)。
(30) 前掲、『幣原喜重郎』、四九九―五〇三頁。
(31) 吉田と左派知識人との関係については、高橋彦博『日本国憲法体制の形成』(青木書店、一九九七年）を参照。
(32) 拙著『重光葵と戦後政治』(吉川弘文館、二〇〇二年）参照。なお、重光は駐ソ大使時代（一九三六―一九三八）に大使館員を動員してソ連分析をおこない、本国に報告している（拙稿「解説」重光葵記念館編『重光葵　外交意見書集』現代史料出版、二〇一〇年)。

(33) 前掲、『幣原喜重郎』五〇五、五一一頁。

(34) 幣原喜重郎「私の支那観」(昭和二一年三月二五日)(『幣原平和文庫』国会図書館憲政資料室所蔵、R—18)。

(35) 江藤淳編『終戦史録』第一巻(講談社学術文庫、一九八九年)、二一七—二一八頁。なお、昭和二〇年三月一五日には、三年会の席上で同様の趣旨を語っている。前掲、富塚、昭和二〇年三月一五日の条。

(36) 室伏高信「新たなる日のために」(『新生』創刊号、昭和二〇年一一月)。

(37) 以下の戦争調査会の記述は、断りのない限り、富田圭一郎「敗戦直後の戦争調査会について—政策を検証する試みとその挫折—」(国立国会図書館調査及び立法考査局『レファレンス』平成二五年一月号)に依拠している。

(38)「軍事史」を超えた「戦争史」の編纂は、「戦後」には当然されるべきことである。その成果の一端は復員省によってまとめられた。田中宏巳監修・解説『第二復員局残務処理部編　太平洋戦争開戦前史』(緑陰書房、二〇〇一年)に第三六号までの報告書が復刻されている。また、同書の解説および「コラム№3　終戦後における戦争調査及び史実調査」(「アジ歴グロッサリー」https://www.jacar.go.jp/glossary/fukuin-hikiage/column/column3.html によれば、海軍および陸軍の史実調査の動きは、前掲、富田論文よりも早く開始された形跡もあり、また複雑なものだったようである。今後の課題としたい。

(39) 幣原喜重郎「終戦善後策」(前掲『幣原喜重郎』、五四六—五五一頁)。

(40) 芦田均「大東亜戦争ヲ不利ナル終結ニ導キタル原因並ニ其責任ノ所在ヲ明カニスルタメ政府ノ執ルヘキ措置ニ関スル質問」(『芦田均関係文書』書類の部　一六〇)。なお、これには同趣旨で表現が異なる二種類の文書が収められている。

(41) 青木得三「戦争調査会の発足から廃止まで　元戦争調査会事務局長官青木得三氏談」(『幣原平和文庫』R—12)。

(42) 前掲、富田、九〇頁。外交史研究所で清沢が牧野へのヒアリングを考えていたことについては本章第二節を参照。

(43) 太田健一ほか編『次田大三郎日記』(山陽新聞社、一九九一年)、一六二頁。

(44) 幣原喜重郎「第八九回衆議院本会議議事録」昭和二〇年一一月二八日(帝国議会会議録データベース、国会図書館。URL http://teikokugikai-i.ndl.go.jp/)。

(45) 斎藤隆夫「第八九回衆議院本会議議事録」昭和二〇年一一月二八日。同前。

(46) 憲法改正については古関彰一『新憲法の誕生』(中央公論社、一九九七年。のち中公文庫、現在は『日本国憲法の誕生』として岩波現代文庫より再刊)二〇〇九年)。

(47) 前掲、『東京裁判への道』、一七一頁。

(48) 同前。

(49) 芦田均「感想」(『芦田均関係文書』書類の部一六一)。これは、後年まとめた感想と思われる。該当部分は以下の通り「[この質問書にある]満州事変にまで遡って卑見を陳べた点は…敗戦後の今日に至って初めて世間に発表したといふ訳ではない。…私の持論である。回顧すれば満州事変に刺激せられて官界を退いた昭和七年以来、一図にこの主張を固執し、前途の狂乱怒濤から我が祖国を救ひたいと念願して来た。」

(50)「戦争調査会第四部会第一回議事録速記録」(昭和二一年四月二三日)における馬場の発言を参照。前掲『戦争調査会事務局書類』第六巻、二五一―二八八頁。

(51) 渡邊幾治郎『太平洋戦争の歴史的考察』(東洋経済新報社、一九四七年)。

(52) 同上、一―二頁。

(53) 同上、四頁。

(54) 同上、三四頁。

(55) 同上、一三二—一三三頁。
(56) 前掲、「戦争調査会第四部会第一回議事録速記録」、二五五頁。
(57) 前掲、「戦争調査会第四部会第一回議事録速記録」、二七〇頁。
(58) 油井正臣「占領期における『太平洋戦争』観の形成」『史観』一三〇冊、一九九四年、七頁。
(59) 同演説は、一九四七年四月に『世界週報』にて翻訳がなされ、平野義太郎「スターリン議長の第二次世界大戦に対する思想」（『戦争と平和の史的分析』八雲書店、一九四九年）に紹介がなされている。
(60) この連載には例えば辻清明「割拠に悩む統治機構」や丸山眞男「軍国支配者の精神形態」などが掲載されている（『潮流』一九四九年五月号）。全体主義国家とは異なる近衛新体制の多元性やナチス指導者と比較した指導力の欠如を理解しながら、そこに「日本型」という特殊なファシズムの誕生を見ようとする議論には、強い倫理性が感じられる一方、東京裁判やスターリン史観の影響も感じざるを得ない。
(61) 吉田茂『回想十年』第一巻（新潮社、一九五七年）、一一六—七頁。
(62) 中西寛「吉田茂のアジア観　近代日本外交のアポリアの構造」（『国際政治　吉田路線の再検証』第一五一号、二〇〇八年）、二五頁。
(63) 幣原、重光の超党派外交の試みについては、武田知己「戦後日本の外交政策決定と政党の政策調整機能——研究史・理論・方法論——」（奥健太郎・河野康子編『自民党政治の源流　事前審査制の史的検証』（吉田書店、二〇一五年）、前掲『重光葵と戦後政治』第二部をそれぞれ参照。
(64) 前掲、『回想十年』第四巻、一八八—一八九頁。

第二章　佐藤栄作の時代——高度経済成長期の歴史認識問題

村井良太

はじめに

教科書問題、首相の靖国神社参拝問題、従軍慰安婦問題と、歴史認識問題は国際問題として意識されて久しい。しかし、その戦後史を紐解く時、時期による変化が重要である。歴史認識問題はその時々の日本の、世界の状況に左右される。吉田茂の時代に続き佐藤栄作の時代を描く本章は、一九六〇年代初頭から七〇年代末頃までを扱う。

一九五〇年代、日本は敗戦後の再出発に際して一つの歴史認識の受容を迫られるとともに、戦前戦中の経験を導きとして自ら進んでこれを抱き留め、外交関係の回復と賠償に努めた。他方、一九八〇年代には靖国神社問題の国際化をはじめ歴史認識問題は外交問題として噴出し、現在に至る基調となっている。この間、目覚ましい経済復興を遂げた日本は、沖縄返還の実現とほぼ時を同じくして、国際社会でどう生きるか、あらためて高度経済成長後の道行きを問われた。

日本の歴史認識問題には四つの領域性があった。第一に、帝国日本の戦争に対し、海外領土を失い「折りたたまれた帝国」〔浅野 二〇〇八〕となった戦後日本の内省、すなわち内なる歴史認識である。戦没者慰霊の問題はその顕著な表れであり、後に教科書問題として顕在化する戦争への公の記憶の問題がある。第二に、帝国のその後に対する認識である。日本の敗戦は侵略戦争への反省に止まらず、近代以降の植民地帝国としての歩みを否定した。そこでかつて支配した台湾、朝鮮半島、関東州、南洋群島といった大日本帝国域やかつての臣民とのその後の関係が問題となった。第三に、アジア諸国との和解の問題である。日本の戦争被害を真正面に受けた中国、戦場や占領下となった東南アジア諸国、インド、フィリピン、オーストラリア等との関わりであり、戦前には植民地であり戦後に独立した国も多かった。そして第四に、自らも植民地帝国であった欧米交戦諸国との和解の問題である。それはサンフランシスコ体制を米国が主導したことから、戦後国際秩序との親和性を問う論点でもあった。いずれかに限定して問題を考えると、その全体像や潜在的要素を見過ごす恐れがある。

吉田は敗戦直後、朝早く起き出して歩き回り、崖の上から目の届く限り拡がる赤茶けた焼跡を見て、「これがいつになったら片付けられて、家並みが揃うのだろうか、二十年後では無理かもしれない」とよくこぼしていたという〔麻生 一九九八、三三七頁〕。その吉田が対日平和条約受諾演説で述べた「古い日本の残骸の中」から生まれた「新しい日本」は、二〇年を経てどこに向かったのか〔データベース「世界と日本」〕。同時代的文脈の中から理解の糸口を求めたい。

一　六〇年安保後の日本と内省の進展——戦後、冷戦、高度経済成長　一九六〇—六四年

1　戦後処理問題への実務的対応

一九六〇年代には現在から顧みて二つの神話がある。一つは経済大国という神話であり、もう一つは自由民主党の黄金時代という神話である。いずれも結果論というべきで、同時代的な当事者の理解とは距離がある。一九五五（昭和三〇）年結成の自由民主党は一九九三（平成五）年まで一貫して政権を担い続けたが、一九五八年に高度経済成長への足取りを開始したものの一九六〇年には安保騒動という一大騒擾によって政治的不安定を露呈した。野党日本社会党は労働者らの支持を背景に国民合意の一翼を担う手強い反対党であった。さらに安保騒動は新安保条約の延長が議論となる一九七〇年に向けた保革対立の再スタートともなった。「一九五五年体制」と呼ばれた自社二大政党対立は吉田の系譜を継ぐ池田勇人、佐藤栄作らによって日米協調を基盤とする経済路線をたどりつつ左右からの恒常的な不満や批判にさらされたのであった。

一九六〇年の安保騒動後にまず進展したのは冷戦の要請による米国、西ヨーロッパ諸国との関係強化であった。一九六一年八月に東西対立の象徴となるベルリンの壁が築かれ、一九六二年一〇月にはキューバ危機が起こった。一九六一年一月に発足したケネディ政権は日米の絆の回復に努めるとともに、安保騒動を西側陣営の弱い輪として警戒し、日本との経済関係強化と並行して日本と西側ヨーロ

ッパ諸国の関係構築を斡旋した〔吉次 二〇〇九〕。それは日本にとって平和条約に続く経済を通した和解の実質的進展を意味した。

また、池田政権は、タイ特別円問題、ガリオア・エロア問題、ビルマ賠償再検討交渉、韓国対日請求権交渉など戦後処理問題に引き続き取り組んでいた〔大平 二〇一〇、六二―七二頁〕。対日平和条約は冷戦が日本に有利に働いた面はあるにせよ、第一次世界大戦後のドイツへの過大な賠償負担が第二次世界大戦の原因となったとの反省から、日本の「存立可能な経済」を維持すべく賠償を限定した〔データベース「世界と日本」、北岡 二〇一五〕。日本はビルマ、フィリピン、インドネシア、南ベトナムと協定を結んで一九五五年から七六年まで賠償を支払い、また同時期に、ラオス、カンボジア、タイをはじめ戦後処理の一環として賠償に代わる経済協力や支払い等いわゆる準賠償をおこなって、問題解決に努めた。

その中で一九六二年に始まるシンガポール、マレーシアとの「血債」問題に触れておきたい〔佐藤 二〇〇八、池田 二〇〇四〕。二月にシンガポールで日本占領期に犠牲となった大量の遺骨が発見されると、日本政府は華人殺害の事実を争うことなく、池田首相は来日したシンガポール自治政府のリー・クワンユーに「心からの遺憾の意」を表した〔佐藤 二〇〇八、四七頁〕。他方で、英国の賠償請求権放棄によって法的な請求権は存在しないという立場をとり、シンガポールとマラヤ連邦の合併問題も絡んで日本に有利な解決を引き出そうと交渉を重ね、長期化の末、佐藤政権期の一九六六年、六七年に無償供与と借款をあわせて問題の「完全かつ最終的」な解決に合意した。(1) 法的枠組みへのこだわりに加えて、他地域でも起こりうる均衡の問題、現地の政治情勢にも起因した。

賠償をめぐる与野党対立は単純ではなかった。社会党は政府の贖罪意識の欠如を批判する一方で、例えばタイ特別円問題で「賠償的性格をもつ」と支払を進める政府に対して、「東南アジアにたいする覇権を確立しようとする日本帝国主義の積極的な資本輸出の一形態」であると反対した〔月刊社会党編集部 一九七五、九頁〕。そもそも社会党は講和時に「非武装、平和国家」を強調する一方、「日本の国民生活の安定化を計るためには、これ以上の賠償の負担に堪えない」と賠償「打切り」を求めた〔日本社会党政策審議会編 一九九〇、四二―四三頁〕。それは日本の生まれ変わりを重視する姿勢ではあったが、相手国の考えとは距離があったと言えよう〔北岡 二〇一五も参照〕。

2　内省の展開と遺された共同体

他方、敗戦からの時間の経過と高度経済成長の中で内省にも変化が見られた。高度経済成長が始まると人びとの生活は次第に貧しさを脱していく。戦後、構造を問うマルクス主義史学が日本の歴史学界の主流であり、他方、政治学においても丸山眞男の影響のもとに近代を志向し日本の特殊性と残存する前近代的な要素が批判されてきた〔福永・河野 二〇一四〕。これに対して歴史研究者でもあったライシャワー米国大使が一九六一年に着任すると、日本の近代化を評価し、新興国のモデルとも見なす議論を展開した〔ライシャワー 一九六五〕。

もとより歴史は物語ではない。この時期、先の大戦への実証研究も進展した。一九六二年から六三年に日本国際政治学会が『太平洋戦争への道』（全七巻・別巻資料編）を刊行し、満州事変前夜から日米開戦までの経過が学術的に探求される中で侵略のメカニズムが明らかにされていった〔日本国際政治学会 一九六二―一九六三〕。日本は対日平和条約で東京裁判等連合国による戦犯裁判を受諾したが、自由な歴史研究は侵略の計画性や時期など時に「公的な」歴史と対立し、時に補強する。また、「あの戦争」と言われる先の戦争をどのように理解するのかについても、この時期、多様な議論が喚起された。林房雄は一九六三年から六五年に「大東亜戦争肯定論」を発表し〔林 二〇一四〕、家永三郎はいかなる歴史認識を次代に教えるか、教科書検定をめぐって一九六五年に訴訟を起こした〔家永 二〇〇三〕。

慰霊の問題も進展した。戦前戦中に戦没者慰霊の中心施設であった別格官幣社靖国神社は占領改革で国との関係を絶たれ、宗教法人として存続を許された[2]。遺族にとって問題はまず生活であり、次に国の協力下で靖国神社への合祀が進められた。いずれもBC級戦犯が含まれていった[3]。海外での象徴的な遺骨収集作業もおこなわれ、一九五九年には千鳥ヶ淵戦没者墓苑がささやかに設立された[4]。池田政権は一九六三年七月に生存者叙勲を決めると翌一九六四年一月、GHQによって一九四七年四月に停止された戦没者叙勲を再開した。同じく独立回復後の一九五二年に新宿御苑で開かれた政府主催全国戦没者追悼式を一九六三年に日比谷公会堂で開催した。終戦時の海軍中尉で日本遺族会事務局長を務めた徳永正利参議院議員は、一九六三年に、「今日本が平和憲法を制定しておりまして、もう戦争はやらないということを声明しておりますが、これも一つの裏づけだろうと思います」と全国戦没者追悼式を毎年継続するよう求め、場所についても「国民全部の式典」ということを考えて、候補地に国会議事堂や皇居前広場をあげた[5]。全国戦没者追悼式は以後毎年おこなわれ、一九六四年は靖国神社敷地内で開かれたが国会で問題化し、翌年から日本武道館での開催が定着した[6]。

佐藤は一九六四年の自著で自らの戦時体験に触れて「当時のことは思い起せばさんたんたる敗戦の跡ばかりである。〔中略〕当時のさんたんたる状況は、私が言わなくても誰でも知っていることである」と記した〔佐藤 一九六四、一七二―一七五頁〕。体験は場所や年齢、地位においても異なろうが、佐藤から見て敗戦の跡は国民の共有体験であった。

二　日韓国交正常化とベトナム戦争——七〇年安保に向けて 一九六五—六九年

1　日韓国交正常化

一九六四年一〇月に開幕した東京オリンピックで日本は戦災からの復興を世界に披瀝し、象徴たる昭和天皇も名誉総裁を務めて国際舞台への復帰を果たした。しかし、一〇月一六日には中国が核実験をおこない、ベトナムでは八月のトンキン湾事件を経て翌一九六五年二月、米軍による北爆が開始された。

その中で一九六五年六月、佐藤政権下で日韓基本条約が調印され、国交正常化が果たされた。予備交渉から一四年かかったが、最大の懸案であった請求権問題では、冷戦を意識した米国の強い後押しもあって、池田政権の大平正芳外相と金鐘泌韓国中央情報部部長との間で無償供与三億ドル、有償借款二億ドル、商業借款一億ドル以上の準賠償が合意され、最終的に商業借款が三億ドル以上に積み増しされた〔李・木宮・浅野 二〇一一、木宮・李 二〇一五〕。額については韓国の希望に添うことに努め、他方で「完全かつ最終的」な解決が確認された。あわせて一九六五年二月には椎名悦三郎外相がソウル金浦空港で「両国間の永い歴史の中に、不幸な期間があったことは、まことに遺憾な次第でありまして、深く反省するものであります」と述べた〔椎名悦三郎追悼録刊行会 一九八二、四九頁〕(7)。

条約には両国内で強い反対があり、韓国では朴大統領の対日「低姿勢」外交批判が戒厳令を招き、日本では一九七〇年を意識しながら、南北の分裂を固定化し軍事的性格を持つのではと批判された。いわゆる日韓国会は自社両党の全面対決となり、社会党は個人財産請求権について「根拠にもとづいて解決する」ことを求め、日韓条約不承認宣言を出した〔日本社会党政策審議会編 一九九〇、五〇四―五〇六頁〕。佐藤は、九月二六日の金沢での国政に関する公聴会、いわゆる「一日内閣」で、「日本は自由を守り、平和に徹しておる国柄」であり、日韓国交正常化について「過去の日本の行き方について、なおその残さいが残っておるとか、または過去のような方向に行くのではなかろうかというような不信、不安、そういうものがこの交渉をむずかしくしたと思います」と述べていた〔内閣総理大臣官房 一九七〇、六六頁〕。直後の九月三〇日、インドネシアで九・三〇事件が起こり、地域情勢を大きく変えていく〔宮城 二〇〇八〕。

2 「平和国家」日本の国民慰霊を探して――ベトナム戦争の影

一九六五年八月に沖縄を訪れ、沖縄の祖国復帰が実現しないかぎり日本の戦後は終わらないと述べた佐藤首相は、一九六七年八月、和歌山での「一日内閣」で戦没者追悼式の感想を述べて、「もう戦争の爪跡は日本のどこにもこれを見つけることはできない。ただ単にそれを強いて言うならば、全国戦没者の英霊、その霊の前に立った時に初めて、過去の戦争の爪跡を感ずる」と述べ、民主主義政治の基盤のもとで経済繁栄に邁進する「平和国家」日本を守り抜かなければならないと説いた〔内閣総理大臣官房 一九七〇、一五〇頁〕[8]。他方、ベトナム戦争は日本人の反戦意識を大いに刺激し、大学紛争が長期化する中で左右対立は先鋭化していた。

このような騒然とした中にあって、一九六七年には吉田茂の国葬が戦後の歩みを振り返る機会となり、一九六八年には「西欧の文物」の消化吸収の跡と「大きな犠牲」を省みることで未来を展望する明治百年記念式典が挙行された〔内閣総理大臣官房 一九七〇、二一四―二一五頁〕。明治百年記念式典には新憲法二〇年を祝うべきという強い批判もあったが、これを機に多くの歴史資料集が刊行され、政治的な立場の違いを超えて、また研究者の国籍を超えて実証的な議論を促進した。また、資料も広がりを見せ、一九六八年八月の雑誌『暮しの手帖』第九六号は「戦争中の暮しの記録」という特集を組んで読者の体験を集めた〔暮しの手帖編集部 一九六九〕。

この間、慰霊の問題は靖国神社の国家管理をめぐって進展した。一九六六年四月、靖国神社国家護持全国戦没者遺族大会が開かれ、日本遺族会の集めた靖国神社国家護持の請願署名は最終的に二三四七万七四二四人に及んだ。赤紙の俗語があるように、兵士は国家によって日常生活から強制的に切り離され、戦場に送られたという理解があった。海外での遺骨収集作業も一九六八年に再開された。しかしこうした鎮魂への思いは政教分離原則の解釈をめぐる憲法問題と衝突した。慰霊の中心施設としての靖国神社を慣習的に当然視する国民が少なくない一方、労働組合や市民運動など憲法を強く擁護し軍国主義や国家主義の復活を危惧する層があり、他に戦時中の体験から信仰の自由を重視する宗教団体など、左右対立に止まらない固い反対があった。反対派の活動の中心には司法による救済を求める裁判闘争があり、津地鎮祭訴訟、箕面忠魂費訴訟、岩手靖国訴訟など関連する幾多の訴訟が起こされていく。また、憲法については、一九五七年に設置された憲法調査会の最終報告書が一九六四年七月に提出されていたが、佐藤は憲法がどうあるべきかについて国民とともに考えていきたいと述べて憲法改正問題を棚上げし、定着を促す結果となった。

靖国神社が創立一〇〇周年を迎える一九六九年、自民党議員から靖国神社法案が提出されたが、憲法の枠内でいかに国家護持を図るかをめぐり、「靖国神社」の名前は残すも宗教団体ではなく、戦没者等の決定は「政令で定める基準に従い、靖国神社の申出に基づいて、内閣総理大臣が決定」し、「靖国神社は、内閣総理大臣が監督する」と民主的統制に服することになっていた〔国立国会図書館調査立法考査局 一九七六、一四六、一五〇頁〕。

三　日中国交正常化と七〇年安保後の憲法論争　一九七〇—七五年

1　日中国交正常化

沖縄返還合意を実現した佐藤政権は一九七〇年六月に安保条約の自動延長を果たし、七〇年安保を乗り切った。同年の大阪万博では「人類の進歩と調和」が発信され、「戦争を知らない子供たち」が歌われた。時の経過による世代の上昇や変化は顕著であった。他方、一一月には復帰を前にした沖縄住民による敗戦後初の国政参加選挙がおこなわれ、自民党は「地下に眠る戦争犠牲者たち」に言及し、「アメリカ統治の下における慰霊の日は、今年が最後です。地下に眠る英霊たちの御霊に、戦争のない平和な世界を築こうとみんなで誓って参りました。来年からは、一億同胞と手をつないで世界平和を築くための努力ができるのです」と支持を訴えた[9]。選挙向けであるが、佐藤の述べていることと齟齬はない。高度経済成長を経て国力を高めた日本の「軍国主義復活」を懸念する声が内外に出る中、佐藤は「経済大国にはなっても軍事大国にはならない」という道を選び、日米協調による「非核専守防衛国家」を唱えた〔村井 二〇一五〕[10]。佐藤はまた「日本という国が存在することが人類を豊かにする所以であると世界からひとしく認められる、そういう国を築き上げて行きたい」と説いている〔内閣総理大臣官房 一九七〇、三二一頁〕。

一九七一年秋に昭和天皇は皇太子時代以来五〇年ぶりに訪欧した。英王室はこれを機に異例にもガーター勲章をはじめ戦時に剝奪した名誉をすべて回復した〔君塚二〇一四〕。しかし、馬車にコートを投げつける者があり、オランダでは車に魔法瓶が投げつけられ、政府間での法的解決では済まない問題の根深さをあらためて印象づける旅となった。

次に田中角栄内閣が成立し、一九七二年九月、中国との国交正常化が実現した。日本は中華人民共和国政府を中国唯一の合法政府と承認し、中国は戦時賠償の請求を放棄した。背景には劇的な米中関係改善があった。日中共同声明には「日本側は、過去において日本国が戦争を通じて中国国民に重大な損害を与えたことについての責任を痛感し、深く反省する」と記された〔データベース「世界と日本」〕(11)。日本では野党も輿論も中国との国交正常化を歓迎していたが、自民党内には中華民国の扱いをめぐって異論があり、また高度経済成長を果たしたとはいえ中国に与えた被害の大きさを考えれば賠償放棄は交渉の前提とも言えた。他方、中国政府はソ連との戦争の危機を深刻に受け止めており、日米両国との関係改善を必要としていた。そこで日本との和解に積極的でない自国民に対して「日本軍国主義者の中国侵略はかつて中国人民に大きな災厄をもたらし、同時に、日本人民にも大きな災禍をもたらした」と「広範な日本人民と極少数の軍国主義分子」とを区別する説明をおこなった〔村井二〇〇六、江藤二〇一四〕。

占領下で「大東亜戦争」の呼称が否定され、「太平洋戦争」が用いられたが、次第に東アジアでの加害責任が重視され、また被害者視された国民の加害責任が問われるようになった。本多勝一は一九七二年に中国戦線での日本軍の戦争犯罪を告発した『中国の旅』をまとめた〔本多一九八一〕。一九七四年一月に田中首相は東南アジア諸国を歴訪し、反日デモに迎えられている。このような国民全体の加害責任への意識は、事実の理解と大国化する中での自戒に寄与する一方、問題の切り分け方を誤れば、逆説的にも指導者の責任を希薄化させる論理を内包していないだろうか。一九七四年に佐藤元首相はノーベル平和賞を受けた。また、同年には、ジェラルド・フォード大統領が、翌一九七五年には英国のエリザベス女王が訪日した。

2　靖国神社をめぐる鎮魂と憲法意識の衝突

靖国神社法案は一九六九年から七四年まで毎年提出されたがすべて廃案に終わった。一九七四年の審議過程では衆議院法制局が「靖国神社法案の合憲性」を出し、疑いなく合憲であるとする一方、二拝二拍手一拝という神道形式での拝礼にこだわらないなど徹底的な宗教性の排除を求めた。この時、自民党は単独採決によって衆議院を通したが参議院で再び廃案となった〔国立国会図書館調査立法考査局一九七六、一七一―一七六頁、村井二〇〇六〕[12]。直後の参議院議員選挙では与野党伯仲国会が生まれ、ここに遺族会や神社本庁など推進者は、将来の国営化を目標としつつも、天皇や外国使節の公式表敬など公式参拝に重点を置くことにした。

一九四五年八月以降も昭和天皇と歴代首相の参拝は続いてきていたが、戦後三〇年の節目となる一九七五年、三木武夫首相は初めて八月一五日の終戦記念日に参拝した。合祀者数ではすでに圧倒的であったとはいえ、明治期以来の歴史を持つ靖国神社を第二次世界大戦とあらためて強く結びつけた。

また、三木首相は違憲の疑いを避けるために「私人」としての参拝を強調し、「公人」としての千鳥ヶ淵戦没者墓苑への参拝と区別した。このことは参拝が公的か私的かという新たな論点を生み出し、国内の論争をますます錯綜させた。

一九七五年秋、昭和天皇は米国を訪問し、「私が深く悲しみとする、あの不幸な戦争」と言及した〔高橋二〇一一、三五九頁〕。帰国後の一一月二一日、昭和天皇は靖国神社を参拝し、私的参拝と説明された。国民の喧噪が止まぬ中で昭和天皇最後の参拝となり、以後、現在まで天皇の参拝はない。

四　次なる時代の胎動――靖国神社A級戦犯合祀という社会反乱　一九七五―八〇年

1　反省を踏まえた大国路線

一九七五年四月にベトナム戦争は終わったが、東アジアでの戦火は絶えない。七八年一二月にはベトナムがカンボジアに侵攻、翌七九年二月には中国がベトナムに侵攻した。さらに一二月にはソ連がアフガニスタンに侵攻し、新冷戦が始まった。揺らぐ世界の中で、一九七五年一一月に西側先進国首脳会議に参加した三木首相は、「日本は如何なる困難に出会おうとも自由と民主主義を守りぬく国である」と語った〔データベース「世界と日本」〕。

また福田赳夫政権は一九七七年八月に東南アジア政策で日本は軍事大国にはならず、心と心の関係を重視する姿勢を示した（福田ドクトリン）。翌一九七八年八月には日中平和友好条約を締結し、一〇月には批准書交換のため鄧小平が日本を訪問した。福田首相は歓迎宴の挨拶で「真に遺憾なことでありました」と述べ、鄧も受け入れた。この時、鄧は最新の工場施設を見学したが、新日鐵の稲山嘉寛などは積極的に技術移転を進め、中国の経済発展を献身的に後押しした〔ヴォーゲル 二〇一三、四四九、四五七頁〕。

そして続く大平政権では環太平洋連帯構想における「大東亜共栄圏の再来」といった批判に配慮してオーストラリアの主導性を促し、中国には進んで円借款を供与して改革開放路線を後押しした。

2　宗教法人靖国神社の独自路線

ところがこうした政府や社会での積み重ねの一方、一九七九年四月一九日の新聞報道で、国民はすでに前年、靖国神社に東条英機らA級戦犯が合祀されていたことを知らされた。戦犯合祀には厚生省援護局の旧軍人グループが積極的で、一九六六年にすべての未合祀者の祭神名票が靖国神社に送られ、その後、BC級戦犯の合祀がほぼ終了した後の一九七〇年に靖国神社崇敬者総代会で合祀が決議されたものの、筑波藤麿宮司の判断で時期を見合わせていた。ところが一九七八年に筑波宮司が急死すると、後任の松平永芳宮司は急遽合祀に踏み切った。松平宮司は「私は、就任前から、『すべて日本が悪い』という東京裁判史観を否定しないかぎり、日本の精神復興はできないと考えておりました」と回顧している〔村井 二〇〇六、伊藤 二〇〇九、毎日新聞「靖国」取材班編 二〇一五〕。

靖国神社は合祀に際して異例の秘密主義を採り、一宗教法人として独自の道を歩み始めた。他方、大平首相は報道直後の春季例大祭で参拝したが、この時、内外で特に問題の構図が変化したわけではない。なお、二〇〇六年にスクープされた富田朝彦元宮内庁長官のメモで、昭和天皇がこの合祀に反対で、以後、参拝をおこなっていないことが明らかにされている〔御厨 二〇一一、秦 二〇一〇〕。

おわりに

この時期、戦後処理は賠償はもとより日韓・日中国交正常化によって北朝鮮をのぞく法的解決に目処が立つ一方、憲法論の形で国内での論争が高まり、次の時代の国際問題化を準備することになった。また、冒頭に四つの領域性を示したが、表出しているものだけが問題であるわけではない。国家間の和解の背景にはそれぞれの地域的な、個人的な経験があり、未来がある。政治は万能ではないが、この時期の政府と社会を含めた和解への蓄積も受け止めたい。

日本では「戦後七〇年」とよく言われる。敗戦から七〇年、日本が復讐戦争はおろか次の戦争を主体的におこなうことなく過ぎたことは、日本はもとより地域や世界にとっても価値あることであった。しかし他方でこの言葉は「戦後」がまるで平板な一つの時代であるかのような、そうあるべきかのような錯覚を招きはしないか。時代毎の環境や問題の変化は著しく、また国際社会や人々の意識も時代とともに変化する。日本の中でも地域や立場で異なる複数の「戦後」があり、同じ東アジア地域ですら戦後の時間の流れは大きく異なる。歴史認識問題を政治問題や外交問題に安易に転化することなく、また軽視することなく、慎慮に基づく和解や共助を日々積み重ねていく中で内外の相互信頼が維持伸張されていくことを願いたい。

そのためには、国民の事実と文脈への理解を基礎として、国家理性と国民感情の均衡を図りつつ国民合意と内外の調和に果たす政党政治の役割が大きいと言えよう。

註

（1）佐藤内閣の椎名悦三郎外相は、一九六六年のシンガポール訪問後に国会で「例の血債問題、つまり戦争中にあすこの華僑を大量虐殺をした、その恨みを日本にまだ持っておる。とにかくケリをつける上において何がしかの賠償をせよと、こういうことを言っておるわけであります」と問題を整理した上で、「いろいろ財政上のいきさつも当方のほうにはございましたが、結局、これは大事な問題であるからというので、私が向こうにおる間に、さらに日本でこの問題を検討した結果、これが無事円満におさまった」と報告した（「第五二国会閉会後参議院外務委員会議録」一九六六年一一月一八日）。国会会議録の閲覧には国会会議録検索システム（http://kokkai.ndl.go.jp/）を用いた。以下同じ。

（2）戦後日本の政治と慰霊をめぐる問題の経緯は、先行研究の整理も含め、村井 二〇〇六を参照。その後も赤澤 二〇〇五、秦 二〇一〇、伊藤 二〇〇九、毎日新聞「靖国」取材班編 二〇一五など、多くの貴重な研究成果が出された。史料では、国立国会図書館調査立法考査局 一九七六、国立国会図書館調査及び立法考査局 二〇〇七を参照。

（3）戦没者についてまず問題となったのは生活問題であり、一九五二年には戦傷病者戦没者遺族等援護法が公布され遺族年金と弔慰金が支給され、一九五三年には恩給法改正によって公務扶助料が復活した。一般の旧軍人は多く戦争犠牲者として位置づけられ、経済的救済は戦犯受刑者にも広げられた。日本政府は戦犯を国内の刑にあたらない法務死者として経済的救済に含めた〔村井 二〇〇六〕。これに対して靖国神社への合祀に際しては戦犯、さらにはA級戦犯とBC級戦犯の差異が強く意識されていた〔伊藤 二〇〇九〕。

（4）千鳥ヶ淵戦没者墓苑には当初「無名戦没者の墓」として全戦没者を慰霊する象徴的施設とする期待があったが、靖国神社や日本遺族会などの申し入れにより、あくまで無名無縁の遺骨を納める施設へと位置づけが限定された経緯がある〔村井 二〇〇六、伊藤 二〇〇九〕。

（5）「第四三国会参議院社会労働委員会議録」一九六三年三月五日。

（6）一九五九年に千鳥ヶ淵戦没者墓苑が竣工した際、昭和天皇臨席のもと戦没者追悼式がおこなわれ、また遺骨収集団が遺骨を持ち帰る度にその戦域の追悼式典を挙行してきた（山本浅太郎政府委員の説明「第四三国会参議院社会労働委員会議録」一九六三年三月五日。国立国会図書館調査立法考査局 一九七六も参照）。なお、一九六三年七月に、西村英一厚生大臣は衆議院社会労働委員会で、「将来日比谷公会堂でずっと続けるか、あるいは他の場所にするかということはまだ今後のことでございますが、いずれにいたしましても、宗教的なにおいのある場所はやはり適当でない。儀式は宗教的でなくても適当でない」と考えていると答弁した（「第四三国会衆議院社会労働委員会議録」一九六三年七月五日）。

（7）日韓共同コミュニケ（一九六五年二月二〇日）では「李外務部長官は過去のある期間に両国民間に不幸な関係があったために生まれた、韓国民の対日感情について説明した。椎名外務大臣は李外務部長官の発言に留意し、このような過去の関係は遺憾であって、深く反省していると述べた。椎名外務大臣は、日韓会談を誠実に進めて両国間に新しい友好関係を樹立していくことこそが、正義と平等と相互の尊敬とに基づく両自由国民の繁栄をもたらすものであるとの強固な信念を披瀝した」と記された〔データベース「世界と日本」〕。
（8）佐藤は一九六六年四月に除幕された沖縄南風原村悲風の丘の慰霊碑に揮毫している〔吉田 一九七六、二〇一頁〕。
（9）「選挙資料一九七〇年」沖縄県祖国復帰協議会文書、沖縄県公文書館蔵。
（10）「第六四国会参議院予算委員会議録」一九七〇年一二月一五日。
（11）また、この時の夕食会で田中首相は「過去数十年にわたって日中関係は遺憾ながら不幸な経過をたどってまいりました。この間、わが国が中国国民に多大のご迷惑をおかけしたことについて、私は改めて深い反省の念を表明するものであります」と述べたが、「ご迷惑」という表現が問題となった〔服部 二〇一一、一三五頁〕。
（12）この時、靖国神社法案が成立し国営化されていたとしたら、政府の国家主義や保守性が批判されたであろう一方で、合祀者決定に政府が関与するあり方から、A級戦犯合祀はなかったと考えられる。歴史は逆説に満ちていると言えよう。

参考文献

赤澤史朗『靖国神社——せめぎあう〈戦没者追悼〉のゆくえ』岩波書店、二〇〇五年
浅野豊美『帝国日本の植民地法制——法域統合と帝国秩序』名古屋大学出版会、二〇〇八年
麻生和子「娘の立場から」吉田茂『回想十年』第四巻、中央公論社、一九九八年
家永三郎『太平洋戦争』岩波書店、二〇〇三年
池田直隆「『シンガポール血債問題』と日本の対応」『國學院大學日本文化研究所紀要』九四、二〇〇四年九月
伊藤智永『奇をてらわず——陸軍省高級副官美山要蔵の昭和』講談社、二〇〇九年

エズラ・ヴォーゲル（益尾知佐子・杉本孝訳）『現代中国の父鄧小平』上巻、日本経済新聞出版社、二〇一三年
江藤名保子『中国ナショナリズムのなかの日本――「愛国主義」の変容と歴史認識問題』勁草書房、二〇一四年
大沼保昭・江川紹子『「歴史認識」とは何か』中央公論新社、二〇一五年
大平正芳（福永文夫監修）『大平正芳全著作集』二巻、講談社、二〇一〇年
北岡伸一『門戸開放政策と日本』東京大学出版会、二〇一五年
君塚直隆『女王陛下のブルーリボン――英国勲章外交史』中央公論新社、二〇一四年
木宮正史・李元徳編『日韓関係史一九六五―二〇一五I政治』東京大学出版会、二〇一五年
暮しの手帖編集部編『戦争中の暮しの記録　保存版』暮しの手帖社、一九六九年
月刊社会党編集部『日本社会党の三十年』三巻、社会新報、一九七五年
国立国会図書館調査及び立法考査局『新編靖国神社問題資料集』国立国会図書館、二〇〇七年
国立国会図書館調査立法考査局『靖国神社問題資料集』同、一九七六年
酒井哲哉編『平和国家のアイデンティティ』岩波書店、二〇一六年
佐藤栄作『今日は明日の前日』フェイス、一九六四年
佐藤晋「対シンガポール・マレーシア『血債』問題とその『解決』」『二松学舎大学東アジア学術総合研究所集刊』第三八号、二〇〇八年三月
椎名悦三郎追悼録刊行会編『記録椎名悦三郎』下巻、椎名悦三郎追悼録刊行会、一九八二年
高橋紘『人間昭和天皇』下巻、講談社、二〇一一年
データベース「世界と日本」（http://www.ioc.u-tokyo.ac.jp/~worldjpn/）（東京大学東洋文化研究所田中明彦研究室／松田康博研究室／東京大学大学院情報学環原田至郎研究室）（二〇一六年一二月一九日閲覧）

東郷和彦・波多野澄雄編『歴史問題ハンドブック』岩波書店、二〇一五年
内閣総理大臣官房『佐藤内閣総理大臣演説集』内閣総理大臣官房、一九七〇年
日本国際政治学会太平洋戦争原因研究部編『太平洋戦争への道』全七巻・別巻資料編、朝日新聞社、一九六二―一九六三年
日本社会党政策審議会編『日本社会党政策資料集成』日本社会党中央本部機関誌局、一九九〇年
秦郁彦『靖国神社の祭神たち』新潮社、二〇一〇年
波多野澄雄『国家と歴史――戦後日本の歴史問題』中央公論新社、二〇一一年
服部龍二『日中国交正常化』中央公論新社、二〇一一年
林房雄『大東亜戦争肯定論』中央公論新社、二〇一四年
福永文夫・河野康子編『戦後とは何か――政治学と歴史学の対話』上下巻、丸善出版、二〇一四年
本多勝一『中国の旅』朝日新聞出版社、一九八一年
毎日新聞「靖国」取材班編『靖国戦後秘史――A級戦犯を合祀した男』KADOKAWA、二〇一五年
御厨貴「富田メモ」同編『近現代日本を史料で読む――「大久保利通日記」から「富田メモ」まで』中央公論新社、二〇一一年
宮城大蔵『「海洋国家」日本の戦後史』筑摩書房、二〇〇八年
村井良太「戦後日本の政治と慰霊」劉傑・三谷博・楊大慶編『国境を越える歴史認識――日中対話の試み』東京大学出版会、二〇〇六年
村井良太「一九七〇年の日本の構想――新たな日本への問い掛けに応えて」福永文夫編『第二の「戦後」の形成過程』有斐閣、二〇一五年

吉田嗣延『小さな闘いの日々――沖縄復帰のうらばなし』文教商事、一九七六年
吉田裕『日本人の戦争観――戦後史の中の変容』岩波書店、二〇〇五年
吉次公介『池田政権期の日本外交と冷戦――戦後日本外交の座標軸一九六〇―一九六四』岩波書店、二〇〇九年
エドウィン・ライシャワー『日本近代の新しい見方』講談社現代新書、一九六五年
李鐘元・木宮正史・浅野豊美編『歴史としての日韓国交正常化』ⅠⅡ、法政大学出版局、二〇一一年
若宮啓文『戦後七〇年保守のアジア観』朝日新聞出版、二〇一四年

〔付記〕本研究はＪＳＰＳ科研費JP15H03325の成果の一部である。

第三章　中曽根康弘の時代——外交問題化する歴史認識

佐藤　晋

はじめに

1　政治家個人の歴史認識

中曽根康弘の個人的な「大東亜戦争」についての認識の特徴は、アジアに対しては侵略戦争であった一方で、米英仏に対しては国家の生存をかけての防衛戦争であったという「二分法」にある。とりわけ中国に対しての侵略は、対華二十一ヶ条要求の延長線上にあるとして批判的な理解を示し、満州事変など現地軍部が東京の不拡大方針に反して行動を拡大したことを、中曽根は侵略の証拠としている。東南アジアへの行動も「アジアの解放」が動機ではなく資源獲得のためで「まぎれもない侵略行為」であったという理解である。このような認識を中曽根個人が持っていた結果、首相在任時に靖国問題・教科書問題といった歴史認識問題が生じたときに、アジア諸国に対する譲歩による解決が可能となったことは事実であろう。

その後、一九九三年に非自民連立政権を担った細川護煕は首相就任時の記者会見で「先の大戦」について「侵略戦争、間違った戦争であったと認識する」との旨を明言した。その背景には、過去の日本の行為によって被害を受けた国がこの行為を紛れもなく侵略ととらえていることと、こうした認識を多くの日本国民も持っていることを挙げていた。細川は個人的には、「先の戦争」とはまずは中国との戦争であり、「朝鮮半島や東南アジア諸国への進攻」であると考えていた。これらの国には日本が一方的に自国の利益を追求した結果攻め込んで多くの犠牲者を出したのであるから、侵略戦争であったことは否定できないということである。その一方で、「先の大戦」を「日米戦争」と捉える意識は希薄なようである。

この点は、石原慎太郎の場合と比較すると、その持つ意味は重要であろう。石原は戦時中、米軍の戦闘機に機銃照射を受けて逃げ回るうちに、米軍機の攻撃がやんだと思って頭を上げると日の丸をつけた日本軍機が米軍機を追い払ってくれたことを、自らの国家主義意識形成のきっかけであったと述べている。つまり、強い国家があってこそ個々の国民の命も守られるという意識がこのとき形成されたのである。石原にとって「先の大戦」とは日米戦争であった。同じく「銃後の日本人」、つまり出征することなく本土にいて米軍の空襲の被害を受けたほとんどの日本人にとっては、「先の大戦」とは「日米戦争」であり、当然のことながら自らを戦争の被害者とする認識が形成されたといえる。

細川は就任直後の八月一五日に靖国神社を参拝することはなかった。その理由として政教分離違反の疑いとともに、A級戦犯を合祀する靖国への参拝は「我が国がさまざまな機会に表明しきたりし過去の戦争への反省」への「誤解と不信」を与えることをあげていた。東京裁判の判決をサンフランシスコ講和条約で受け入れた国の首相がA級戦犯を神と祀る靖国神社へ参拝することは「外に対して説明のつかぬ」こととされた。もちろん「解決」と悪化防止は別であるが、このように国際的な観点を優先する首相の場合は、概ね歴史認識問題を悪化させないといってよい。

2　歴史認識問題の「解決」とは？

この細川に政権を引き継いだのは宮沢喜一であった。実は、宮沢は後任の細川に首相の座を引き継ぐ際に「中国の軍事大国化・経済大国化」について「相当なる懸念」を表明して注意を促していた。宮沢喜一は首相在任中からシンガポールのリー・クアンユーなどに対しても、著しい経済発展を告げつつあった中国が将来の日本や東アジアの安全保障に与える影響への危惧を語っていた。この宮沢内閣時におこなわれたのが、一九九二年の天皇訪中である。日本側の狙いが日中友好の促進にあったことは間違いない。また、この訪中について宮沢は、「上海なんかでは、自然発生的な民衆が近くに寄ってきたりして、大変良い雰囲気であったようで、あのご訪中はよかった」と回顧している。これは現地の上海から「幾層もの市民の表情は誰もがにこやかで、心からの歓迎を表わす思い思いの気持ちが伝わってくる。両陛下の御心も市民の一人一人に通じている様子」を「何と素晴らしい自然な友好交流の情景だった」といったような報告があって、それをそのまま受け取ったものであろう。この訪中に、将来大国化・強大化していく中国との関係を、歴史認識問題も含めて根本的に解決しておこうという宮沢ら推進派の意図を読み解くことも可能であろう。しかし、先に触れた細川に対する宮沢の言明を考えると未だ中国への懸念は払拭されなかったようである。一方、本章で扱う中曽根は、より短期的、すなわち中国国内に存在した、当時の「親日勢力」を温存させたいとの意図から歴史認識問題に対処した。

個人的な歴史認識が歴史認識問題をめぐる外交政策に反映したことは事実だとしても、個々の事例を追っていくと、自身の認識を超えた次元で、その時々の国際環境を踏まえた外交的対応を採用したと言える。すなわち個人的な歴史認識と異なる「認識」に基づく外交が必要であると判断し、そうした外交政策が実行されたこともあったであろう。本章では、こうした日本側政府指導者の「表向き」の歴史認識が、いかに当時の外交問題の沈静化に寄与したかという点について考察をおこなっていく。さらに、外交上の歴史認識問題は、当然のことながら日本側の認識が国際的に問題とされて初めて問題となるわけであるが、本章では問題化した後の対処法の巧拙がその後の歴史認識問題の長期化・深刻化に影響を与えていると考える。そこで、今日の歴史認識問題の長期化・深刻化の先駆けとなったと考えられる鈴木善幸内閣時の第一次歴史教科書問題以降の日本政府の対応を本章では取り上げる。

もっともその時々の外交上の解決は単なる急場しのぎの「火消し」に過ぎず、根本的な歴史認識問題の解決となっていないことは、一九六〇年代半ばの「血債」問題解決の一方の当事者であったリー・クアンユーが「日本は、平和的で非軍事的ではあるが、決して本気で悔い改め謝罪しない国である」と晩年まで辛辣な批判を投げかけていたことからも明らかであろう。ここで問題となるのが、本章で扱う歴史認識問題のような複雑かつ根深い問題に関して、完全なる解決が達成できない外交は失敗なのか否かという点である。本章の立場は、数十年、いや数年でも国家間関係を改善させた外交、すなわちそれがいわば部分的な解決しかもたらさなかったと今日から判断できるものでも、完全な解決が見込めないのなら何年間も首脳会談も開けないような状態よりは「成功した」ものとみなす立場をとる。それは、歴史認識問題も、その時々に当事国がおかれた国際環境に規定されていると考えるからである。歴史認識問題も、常時変転を続ける国際環境下における外交問題のひとつに過ぎないのである。

一　歴史認識問題の「起点」——第一次歴史教科書問題

1　中国と第一次歴史教科書問題

一九七〇年代は、日本側の歴史認識が外交問題化しない（顕在化しない）時代であった。そこで、次の問題が生じる。歴史認識問題が顕在化しないから友好関係が続いたのか、友好関係が存在したから歴史認識が問題化しなかったのか、という問いである。この両者の間にある因果関係の断定には慎重を要するが、本章執筆中の現時点では後者の立場をとる。それは、歴史的に見て韓国が日本を「必要」としていた朴正熙時代、中国が日本を「必要」としていた一九七〇年代には歴史認識問題は全くといっていいほど「問題」とならなかったからである。

一方、一九八〇年代は、歴史認識問題が顕在化した時代であった。しかし、それと同時に日中・日韓の友好関係が維持された時代でもあった。ここでの問題は、この時期の歴史認識問題は二ヶ国間関係全体を阻害するほど深刻なものではなかったのか、または深刻な歴史認識問題を打ち消すほど日中・日韓間の友好関係を維持する必要があると両国の指導者が考えるような要因があったのかというものである。この問いについても本章では後者の立場をとる。それは、日本側にも、中国・韓国側にも相手を必要とする差し迫った要因が存在したからである。それがどのような要因であったのか順次探っていこう。

一九八二年六月二六日、日本の朝刊各紙は高校日本史教科書の文部省による検定結果に関して、日本の中国に対する「侵略」が文部省の検定によって「進出」に書き換えられたと報じた。これは今日では「誤報」と認定されているが、中国国内では批判キャンペーンが展開され中国政府も日本政府に対して激しい抗議をおこなうなどして、当時の日中関係は大きく揺さぶられた。特に五月から六月までの間に趙紫陽国務院総理が来日して、鈴木首相との間で「平和友好」、「平等互恵」、「長期安定」の日中友好三原則に合意した直後であったため、このような中国側の対応は日本側を驚かせた。

実は中国では、このとき、「独立自主」の対外政策への転換が進められていた。鄧小平は、それまでのソ連の脅威に対抗することを優先課題として、多少の問題に目をつぶってもアメリカとの関係改善を追求する政策から離脱しようと考えていたのである。鄧小平が問題としたのが、レーガン新政権の台湾政策、とりわけ武器売却問題であった。中国は、アメリカの方針に反発したものの、同年八月一七日に発表されることになる米中コミュニケ交渉では大幅な譲歩を余儀なくされていく。そこで鄧小平はこの交渉が繰り広げられていた七月にアメリカとの提携の解消を決断した。その姿勢の転換、すなわちアメリカへの強硬姿勢を、交渉以外の何らかの方法で鮮明にすることが必要とされた。そこで、アメリカに従属する日本へ向けて厳しい姿勢を打ち出すことで、内外に向けて中国の国益を擁護する強い姿勢をアピールすることが選択された。益尾知佐子氏によると、鄧小平は七月二九日の日本の歴史認識問題に関する会議で、日本側で生じた教科書問題を利用して、日本側が「過去の行動を侵略ではないとしてしまいたい」という目的を持っているとの「観点について反駁をおこなえ」と、自ら指示を出した。一方、江藤名保子氏は日本が教科書問題を内政として「他国には干渉されないとの点に焦点を合わせ、この一点をめぐって反駁を進める」との指示があったとしている。台湾へのアメリカの武器売却を中国の内政問題として批判していた中国としては、日本国内に歴史教科書に示された歴史認識を内政問題として中国の抗議を退けようとする動きがあることに危険を感じて、より強硬な措置を取ったとも考えられる。以上のように七月二四日に突然開始されて九月に収束した対日批判キャンペーンにはこうした背景があった。

こうした事情をつかんでいなかった日本政府は、九月の訪中を控えていた鈴木首相のイニシアチブで早期解決が図られた。教科書再改訂に批判的な文部省の反対もあったものの、八月二六日に宮沢喜一官房長官が、アジア近隣諸国との友好のために、批判を考慮して政府の責任で教科書の記述を是正するとの談話を発表した。これは、即時には修正に応じないが、早い時期に検定基準を見直して予定より繰り上げて教科書の検定をおこなうことを意味していた。この「宮沢談話」を受けて、中国側の批判も収束していった。その後、検定基準に「近隣のアジア諸国との間の近現代の歴史的事象の扱いに国際理解と国際協調の見地から必要な配慮がされていること」という、いわゆる近隣諸国条項が追加された。これまでにこの条項によって不合格となった教科書はないとされるが、この条項にそった記述となるように執筆者が配慮している可能性はある。以上のように日本政府内では、文部省を中心に検定制度の堅持を主張し、外国の介入によって教科書の内容を訂正すべきではないという勢力もあったが、鈴木首相、宮沢官房長官らは外務省を中心に近隣諸国との関係を考慮して是正を主張する勢力を支持し、宮沢談話に至ったのである。こうした外務省が主張する対外配慮が優先されたことで、一時的に問題は沈静化する。

一方、中越戦争を経験した中国は同年九月の党大会で「独立自主の対外政策」を打ち出す。江藤がいうように歴史教科書問題は、国内を愛国主義でまとめ共産党支配の正当性を高めるための手段、対日歴史認識問題という便利な手段を鄧小平に「発見」させたのかもしれない。少なくとも対外的にいうと、「いつでも日本を牽制する状況」を作り出すことに成功したことは間違いないと思われる。その後、日本の「軍国主義的」な動きが生じたと見えた場合に、歴史認識問題を発動して日本に継続的に「警告」を与えるという構図が固定化していく。しかし、これは単に中国側が日本を追い込むためのツールというよりは、中国としても日中関係を維持したいために発動するものであった。この点を次節の靖国問題を通じて確認していく。また、日本側も中国側の友好・親善意図を疑っておらず、日中関係の再調整にとってやむをえない必要なプロセスと受け取っていたといえる。

2　韓国と第一次歴史教科書問題

一九八〇年の光州事件を口実に民主運動家の金大中に死刑判決を下した韓国政府に対して、鈴木政権は金大中の死刑に反対し、処刑された場合には経済援助の凍結などを含む対韓関係を見直すと警告した。一方、全斗煥は、日本の内政干渉を非難した。木村幹氏によると、全は政権発足当時から「事実上の植民地支配に対する第二賠償」として六〇億ドル借款を求めていたという。表向きには、この時期の北朝鮮の脅威に対抗するための援助として韓国側が求めてきたこの援助に対し、日本は安全保障問題と経済援助を切り離そうとした。さらに、園田直外相が、借金をする方が威張るのはおかしいと発言して、韓国側の感情的な反発も生じた。

そのような時に発生したのが先述の第一次歴史教科書問題であった。韓国では当初ほとんど反応が見られなかったが、中国が七月下旬に激しく抗議し始めたことが国内に知られるに及んで、韓国内でも激しい反応が引き起こされた。日本の経済大国化と軍国主義台頭の兆しを怖れていたこともあり、教科書問題が高い注目を浴びたのである。しかし、この抗議も「宮沢談話」を機に収まることになった。

一九八二年一一月、中曽根康弘は首相に就任するやいなや元陸軍参謀で伊藤忠商事相談役であった瀬島龍三を特使として韓国に派遣した。瀬島が細部を詰めたのち、翌年早々、日本の首相として初めて訪韓し、全大統領との間で経済協力規模において合意に達した。中曽根は、大統領主催の晩さん会でのあいさつの一部を韓国語でおこなうなど、個人外交を演出して反日感情の緩和に努めた。また、一九八四年九月、全斗煥大統領が来日した際、昭和天皇から「不幸な過去」が存在したことについて「誠に遺憾」との表明がなされた。この「遺憾」の言葉を入れることについては、中曽根個人が宮内庁長官に指示したとされる。

中曽根の考えは、ソ連からの日本の安全を守るためには韓国と中国の経済的強化に貢献し、北朝鮮・ソ連に対する抑えにする必要があるというものであった。いわば北東アジアに反共の「アジアの壁」を築こうというものであった。そのための日本からの援助が、どれだけ両国の発展に貢献したかは明確に測定できないが、中曽根のこうした意図が、当時の歴史認識問題の極小化に貢献したことは間違いない。

二　中曽根内閣期の歴史認識問題

1　中曽根首相の靖国神社公式参拝

鈴木内閣を継いだ中曽根首相が一九八五年の終戦記念日におこなった靖国神社公式参拝はアジア諸国との間に大きな外交問題となった。それまでも靖国神社には、大平正芳・鈴木善幸両首相も参拝しており、これらは一九七八年一〇月に密かにおこなわれたA級戦犯の合祀が七九年四月に明らかとなったのちのものであった。また終戦記念日の靖国参拝も三木武夫が首相時代の一九七五年におこなっていたし、鈴木善幸は二年続けて終戦記念日に参拝していた。したがって、中曽根の参拝が問題となったのは、論理的には、これが公式参拝であったためである。もともと靖国神社は、国家のために命を落とした兵士らを、その死後「英霊」として祀るための施設であり、戦地に赴く兵士らを「死後は神として祀られる」ということで「説得」する国家の装置だったのである。したがって、中曽根は、戦後といえども公式参拝をしないことは「国家が英霊に対して契約違反をしている」ことになると考え、一度は断行する決意をしていた。しかし、A級戦犯合祀という現実が困難な状況を引き起こしていく。

江藤氏の研究によれば、中曽根の終戦記念日の靖国神社公式参拝に対して、中国は当初はそれほど重視しない方針であったとされる。日本政府も事前に中国ほかアジア諸国に、この公式参拝は軍国主義を鼓吹するものではないことを説明しており、当時の中江要介駐中国大使も「公式参拝が日中間の大問題になるとは誰も思わなかった」と回想している。しかし、この問題に火をつけたのは九月一八日に生じた天安門広場における学生デモであった。この自然発生的な反日デモが国内の権力闘争や歴史問題に結びつくことを怖れて、中国政府としても日本政府に強硬な批判を伝えざるをえなかったと思われる。事実、胡耀邦は中江大使との一二月八日の会談で、「再度参拝があると大変、指導者の立場が極めて難しくなる。（靖国に戦犯が合祀された）そのままでは中国人を納得させられぬ」と訴えたのである。

一方、中曽根首相は、中国における「開明的で親日的」な指導者である胡耀邦が失脚することが、世界と日本の利益に甚大な影響を与えることを危惧した。そこで中曽根周辺は、参拝前に引き続きA級戦犯の分祀を靖国神社に対して働きかけたが不首尾に終わった。その結果、中曽根首相は、秋の例大祭には参拝せず、一九八六年以降は終戦記念日も含めて首相在任時の参拝を自制した。ここには折から生じていた第二次教科書問題も影響していた。中国側は、一九八六年六月七日に日本政府に対して、日本側の一部勢力が作成し検定を通過した教科書の記述についての是正要請をおこなった。このときは、外務省が中心となって中韓両国を満足させるような修正案を考案し、修正のうえ検定を通過させた。中国側もこれ以上の修正を要求しなかったが、日本への不満を募らせていたのである。

その後、一九八七年一月に総書記を解任されることになる胡耀邦は、靖国問題での両国の紛糾の背後に「日中両国を離反させようとする第三国がいるのが問題」と、ソ連の日中離間工作を疑っていた。胡はソ連の脅威に対して日本を味方につけることを緊要な外交目標と考えていたのである。このような「親日」すぎる姿勢が失脚の一因との見方も根強いが、趙紫陽によると、胡耀邦の解任は、改革開放以来の行き過ぎた思想的な自由主義を取り締まるよう、鄧小平が「反自由化運動」をしばしば示唆したにもかかわらず、胡耀邦がこれを放置し続けたことで、両者の関係が悪化した末のものだったという。その結果、鄧小平が胡耀邦の解任を決めた八六年夏からは胡耀邦の提案はことごとく長老に反対されて「何ひとつまともにできない状態」になっていた。したがって、胡耀邦が親日的すぎると批判されているさ中に、反日勢力の批判を勢いづけるような靖国参拝は避けなければいけないと考えた中曽根の判断は正確ではなかったといえる。中曽根がどう行動しようとも、胡耀邦の失脚は決まっていたからである。しかし、むしろこの誤った情報は正しい行動を招いたともいえる。

中曽根・胡耀邦それぞれの情勢認識が誤っていたとはいえ、両者の認識はソ連の脅威に対抗するには日中提携が欠かせないという点で一致していた。中曽根・胡耀邦の友好は、いわば中ソ対立を背景とした「日中友好」であった。先に中曽根内閣は第二次円借款供与を決定したが、ここには従来同様、中国の改革開放を支援し、その西側への編入と穏健化を図る狙いとともに、戦争責任の清算という意味合いもあった。中曽根は一九八四年三月の訪中時に、日本の対中経済協力について謝意を表明した胡耀邦に向かって、「かえって恐縮しており、対中協力は戦争により大きな迷惑をかけた反省の表れであり、当然のことである」と述べていたのである。このように長期的な日中提携に向けて、過去の負の遺産を片づける必要性を中曽根は認識していた。

2　第二次歴史教科書問題（一九八六年）

そういう背景の中、一九八六年五月に第二次教科書問題が発生する。これは、「日本を守る国民会議」編の高校用日本史教科書が検定を通過したことに対し、韓国のマスコミ・世論が強く反発した。その直後に中国政府も異議の表明をおこなった。すでに文部省は検定通過までに多くの訂正を要請していたが、中韓の批判にさらされた中曽根の指示を受け、追加的な修正を要求した。その一方で、外務省からは出版社に出版を断念するようにとの申し入れがおこなわれた。結局、検定期日を過ぎて以降の文部省による修正指示を執筆者側が受け入れて、七月七日に改めて検定通過が通知された。中曽根首相が、文部省に再検討を指示し、外務省も多くの修正を主張したとされる事態には、ナショナリズム的な世論を押さえ込んで中韓両国との関係を維持したいという政権の判断があった。

こうした異例の措置により一時的に問題は沈静化したが、同年七月に藤尾正行文部大臣が東京裁判を批判するなどした、いわゆる「藤尾発言」問題を引き起こした。これは、九月に発行された『文藝春秋』の中で、藤尾が東京裁判批判や日韓併合には韓国側にも責任があったという主張した問題であった。これに韓国・中国は反発したが、中曽根首相が藤尾文相をすばやく罷免することで、問題は沈静化した。

しかし日本側が必死に日中関係悪化の芽をつむことに注力していた一方で、江藤によると、鄧小平は一九八六年一一月頃には、それまでの友好を基調とする対日外交を「適度な」対日外交に転換することを決めていたとされる。これは翌年一月の胡耀邦失脚よりも前のことである。この理由として江藤は、経済協力面における対日不満と度重なる歴史認識問題を通じた不信感をあげている。さらに、当時の日本の経済大国化が軍国主義復活の怖れと結びついていた可能性がある点も、今日の中国大国化を見る日本人の視点と比べると興味深い。一方、中曽根政権側では、胡耀邦の失脚にもかかわらず、歴史認識問題を沈静化させた一連の措置で日中間の友好の基調は維持されたと判断していた。

おわりに

以上のように本章では、歴史認識を語ることがもはや個人的な心情の吐露ではなくなり、必然的に外交的影響を考慮せざるをえなくなった時代を扱ってきた。鈴木内閣から中曽根内閣を中心とした八〇年代においては、短期的さらには中長期的な考慮から、日本政府が将来脅威となるであろう中国との間に紛争の種を残しておくことは好ましくないと考えて、歴史認識問題に自制的に対処していた。「中曽根康弘の時代」の政治家・外交官には、そのような自覚があり、そのための対策も政治的に可能であり、外交上の結果もある程度は見込まれていた。しかし、このような政府・外務省の尽力にもかかわらず、その結果は今日から見ると満足なものとはいえないのが現実である。これは何が原因なのであろうか。

ここで「日米戦争」の記憶・和解にまつわる逸話を紹介したい。一九四五年二月一九日の米軍の硫黄島上陸から一ヶ月強にわたる戦闘で、日本側の死者は約一万八〇〇〇人、アメリカ側の死者は約七〇〇〇人にのぼった。その両国の軍人、死闘を繰り広げた米第五海兵隊と日本側の生存者が一九七〇年に硫黄島で再会を果たしている。このイベントはその後も開催され、一九八五年の四〇周年には当時のレーガン大統領からのメッセージも届けられている。この激戦の地で再会した両国軍人の表情からは、過去への憎しみ・恨みといったものを感じ取ることはできない。これはなぜなのか。もっとも身近であった戦友を殺され、自らも死と隣り合わせとなった状況に追い込んだ敵を、これほど簡単に許せる理由は何なのか。ここに戦後同盟国となった両国関係の親密さが影響しているとはいえないであろうか。もしそうであるとしたら、戦争のもたらした恨みなどの感情がなくなってから国家間関係が改善するというより、国家間関係が友好的になったために過去の歴史がもたらす感情が忘却される、少なくとも問題とされなくなるという関係の方が強いのかもしれない。

このような立場に立つと、「中曽根康弘の時代」の歴史認識問題は深刻ではあったものの、中国・韓国が未だ日本との友好関係を必要としていたために、外交努力によって解決可能であったといえる。その後、次第に韓国が経済成長を果たし、冷戦の終焉とともにソ連が崩壊した。最大の敵であったソ連が消滅したとほぼ時を同じくして中国の脅威的な高度成長が始まった。その結果として両国が日本を必要とする度合いは著しく低下していった。この時代においても、宮沢首相の天皇訪中への対応や細川首相の謝罪声明のように、アジア諸国との歴史的懸案を払拭するための努力が続けられた。いや、むしろ中国の強大化とともに、その必要性は一層認識されていた。しかし、一九九〇年代はもはや弥縫的な対応が効果を上げるような時代ではなくなっていく。韓国はもとより、中国においても反日世論の影響力は強まっており、政府首脳間の友好の確認程度では抑えきれなくなっていたのである。

一九八〇年代において歴史認識の違いによって引き起こされた外交問題をなんとか解決に導いたような国際環境は二一世紀においてはもはや存在していない。確かに今後、北朝鮮情勢が緊迫化したり、米中関係や中露関係に大きな変化が訪れたりすれば、中韓両国が日本との提携を模索する局面がないとはいい切れない。しかし、そのような東アジアの緊張状態は、地域的安全保障の観点から日本にとって望ましいものではないことも間違いない。したがって、そのような僥倖に頼らずとも着実に外交関係を改善していく必要がある。ただし、この仕事はますます困難さを増している。冒頭に述べたように一九八〇年代における歴史認識問題の提起は、アジア諸国が日本の「右傾化」・「軍国主義化」をチェックするためのツールであり、それを日本側指導者も必要な調整過程と受け取っていたといえる。しかし、今日、そのように日本側当局者が感じることはなく、相手国内の反日世論対策・支持獲得のためのツールと受け取られかねない状況である。とはいえ全面的な解決が見込めなければ首脳間外交もおこなわないといった態度では将来はない。かりに何割かの関係改善が可能で、それにより中期的な友好関係が築けるのであれば、「中曽根康弘の時代」にならって関係各国の指導者が世論の突き上げを抑えつつ自己抑制的な外交を展開する必要があろう。

参考文献

中曽根康弘『天地有情』文藝春秋社、一九九六年
中曽根康弘『中曽根康弘が語る戦後日本外交』新潮社、二〇一二年
後藤田正晴『情と理』下巻、講談社、一九九八年
中江要介『アジア外交　動と静』蒼天社出版、二〇一〇年
趙紫陽『趙紫陽極秘回想録』光文社、二〇一〇年

谷野作太郎『アジア外交　回顧と考察』岩波書店、二〇一五年
波多野澄雄『国家と歴史』中公新書、二〇一一年
田中明彦『日中関係　１９４５～１９９０』東京大学出版会、一九九一年
一谷和郎「靖国神社参拝問題」家近亮子他編『岐路に立つ日中関係』晃洋書房、二〇〇七年
石原慎太郎『歴史の十字路に立って』ＰＨＰ研究所、二〇一五年
木村幹『日韓歴史認識問題とは何か』ミネルヴァ書房、二〇一四年
益尾知佐子『中国政治外交の転換点』東京大学出版会、二〇一〇年
長谷川和年『首相秘書官が語る中曽根外交の舞台裏』朝日新聞出版、二〇一四年
江藤名保子『中国ナショナリズムの中の日本』勁草書房、二〇一四年
服部龍二『外交ドキュメント　歴史認識』岩波新書、二〇一五年
リー・クアンユー『リー・クアンユー回顧録』下巻、日本経済新聞社、二〇〇〇年
御厨貴・中村隆英『聞き書　宮澤喜一回顧録』岩波書店、二〇〇五年
中曽根康弘・石原慎太郎『永遠なれ、日本』ＰＨＰ研究所、二〇〇三年
細川護熙『内訟録　細川護熙総理大臣日記』日本経済新聞社、二〇一〇年
村井良太「戦後日本の政治と慰霊」劉傑他編『国境を越える歴史認識』東京大学出版会、二〇〇六年
蓮見義博「天皇ご訪中の回想——あの熱烈歓迎ぶりが懐かしい」アジア情報フォーラム、二〇一三年八月四日、http://asiainfo.or.jp/column/20130804/、二〇一六年九月二九日閲覧。
「硫黄島ファイル」日米協会所蔵。

第四章　沖縄と本土の溝——政治空間の変遷と歴史認識

平良好利

はじめに

「お互い別々に戦後の時を生きてきたんですね」。これは、二〇一五年九月七日、沖縄県名護市辺野古への新基地建設をめぐる政府との集中協議を終えるにあたり、沖縄県知事の翁長雄志が官房長官菅義偉に発した言葉である。この翁長の発言は、新基地建設を推進しようとする政府とこれに反対する沖縄県との話し合いが結局のところ決裂に終わったことを示すだけでなく、いまの政府と沖縄県の関係を、いやもっと広く本土と沖縄の現時点の関係を象徴的に表わすものだといえる。

国内で唯一住民を巻き込んだ熾烈極まる地上戦を経験し、その後日本から分離されて米軍統治下に二七年間も置かれ、しかも日本復帰後も広大な米軍基地が集中している沖縄は、確かに本土とは別の戦後を歩んできたといえる。しかし重要なことは、一県の知事をしてここまでの発言をなさしめるほどに両者の溝が深まっているということである。沖縄の側からすれば、上記の戦後の歩みに政府はおろか本土側が無理解、無関心であることを嘆き、一方の政府を含めた本土側からすれば、沖縄の行動がなかなか理解できないというのが現在の状況ではないだろうか。

他章が考察しているように、日韓、日中間では慰安婦問題や靖国神社参拝問題などいわゆる「歴史認識問題」が外交上の深刻な問題として現われているが、沖縄の場合は「歴史認識」それ自体が大きな政治的争点となっているわけではなく、そもそも日韓・日中のように国家間の問題でもない。沖縄に関してはやはり米軍基地が最大の争点であり、これをめぐって政府と沖縄県が対立しているのである。この「基地問題」をめぐる政治過程のなかで沖縄側は過去の様々な出来事、例えば沖縄戦や戦後の土地接収の歴史、あるいは数多く発生した米軍関連の事件・事故の歴史、さらには琉球王国時代や琉球処分（琉球併合）の歴史なども呼び起こして、これを背景に政府に問題を訴えたり、あるいはみずからの行動の拠って立つ基盤としてきたのである。

したがって、日韓・日中間の問題と沖縄・本土間の問題とはその位相を異にしているが、それでも両者の間で共通する課題は、このこじれた関係をどう解きほぐし、どう再構成するかということである。本章では、戦後七〇年を経てここまで沖縄と本土の溝が深まっているのは一体なぜかという問題を歴史の大きな文脈から検討するとともに、この文脈のなかで沖縄の歴史認識も考えてみたい。とりわけ、沖縄における「保守」と「革新」の政治的枠組みの形成、展開、変容のプロセスに注目して、沖縄の政治空間がどのように変容し、それが本土との関係でどのような構図になっているのかを考察

してみたい。(1)

一　冷戦期の沖縄政治と本土との関係

1　アメリカ統治期の政治空間

一九四五年から七二年までの二七年間、沖縄は日本から分離されたことによって独自の政治空間を形成することになる。一九五〇年代の沖縄では琉球民主党、沖縄社会大衆党、沖縄人民党の主要三政党が存在し、これら三党は米軍権力との距離や抵抗の度合いによって一定の差異は存在したものの、その政策距離はそれほど離れておらず、ときに三党が連携するといった場面もみられた。アメリカの軍用地政策に反対して三党がまとまり、しかも各種団体と連携して「島ぐるみ」の闘争をやってのけたのは、その典型である。

この時期の本土との関係を巨視的にみれば、一種の「国民的一体感」で両者がまとまっていたことがわかる。「島ぐるみ」闘争の際に上京した沖縄代表団が政府に「強固な保護」を求めたのに対し、重光葵外相が「これは日本の問題であり、国民、民族の問題である。沖縄住民の要望は民族の問題として解決せずには置けぬ」と応じて問題解決に取り組んだのは、そのよい例である。

かくして、本土と分断された沖縄ではあったが、この「島ぐるみ」闘争を契機として両者の関係は急速に深まっていくことになる。重要なことは、これに伴い本土における「保革対立」の政治的枠組みが沖縄に流入してきたということである。一九五九年には琉球民主党の後身として沖縄自民党が結成され、本土の自民党と友党関係を結ぶ。また同じ年、日本経営者団体連盟の助言のもと沖縄経営者協会も発足し、沖縄の経済界が沖縄自民党を支えるという構図も形成されていく。一方、これまで「中道政党」としての性格を有していた沖縄社会大衆党は徐々に「左傾化」し、また沖縄人民党は日本共産党との結びつきを強めていく。さらに五八年には日本社会党の友党として沖縄社会党も結成され、この社大、人民、社会の三政党がみずからを「革新」政党として規定していくことになる。しかも、この時期から本土の労働組合の支援のもと沖縄でも主要な労働組合が次々と結成され、この労働組合が革新三政党を支えるという構図も生み出されていくのであった。

しかし、ここで注意しなければならないのは、本土の影響を受けているとはいえ、沖縄における「保革対立」は本土におけるそれとは異なる内容をもっていたということである。資本主義国アメリカに直接統治され、しかも日米安保条約も適用されていなかった沖縄では、資本主義か社会主義かといった体制をめぐる問題や、日米安保条約に賛成か反対かといった問題はそもそも争点にはなりえず、最大課題であった日本復帰の方法をめぐって両者が対立したのである。日米沖の三者間の話し合いによって漸進的に日本への復帰を進めようとする沖縄自民党と、大衆運動によって両政府に圧力をかけることで復帰の実現を図ろうとする革新勢力が対立するという構図である。

この対立の根底には、政府・自民党を信頼して両者との連携を重視する沖縄自民党と、政府・自民党への不信をあらわにし本土革新勢力との連携を重視する沖縄革新勢力との違いがあったことは、いうまでもない。沖縄において政府・自民党への不信が表面化してくるのは、実はこの保革対立の政治的枠組みが流入してからのことである。

もっとも、このように保革が対立する構図が形成されたとはいえ、それでも沖縄では米軍統治からの脱却が最大の課題であり、その背後には「祖国日本」に復帰するといういわばナショナリズムが存在していた。言い換えれば、この時期の沖縄は、統合性をもったナショナリズムの基盤の上にイデオロギー的対立が積み重ねられた政治空間にあったといえよう。また本土側においても、沖縄返還のあり方をめぐって保革が対立する一方で、どちらも「沖縄を取り戻す」といういわばナショナリズムが働いていたのは見逃すことのできない点である。

2　日本復帰以後の政治空間

最大の課題であった日本復帰が一九七二年に実現するのに前後して、沖縄では本土政党との系列化が本格化することになる。沖縄自民党は自民党沖縄県連へと移行し、一方の革新勢力は、早い時期に沖縄社会党が社会党沖縄県本部へと移行したのに続き、沖縄人民党が共産党沖縄県委員会へと移行していくことになる（なお、沖縄社会大衆党は系列化せず、地域政党としての道を歩む）。さらに労働組合をはじめ各種民間団体も本土との系列化を進めていくのであった。

こうした変化のなか、沖縄でも日米安保条約や米軍基地などをめぐって保革のイデオロギー的対立が全面化することになる。革新陣営が日米安保廃棄と米軍基地撤去を唱えたのに対し、一方の保守陣営は日米安保によって日本の平和と安全が保たれているという認識を示すとともに、その平和と安全を保つためにも一定の限度内で米軍基地を引き受けるという態度を示す。

重要なことは、この保革対立の文脈のなかで、日本政府と敵対する革新陣営の歴史認識も定着していったということである。すなわち、沖縄戦で沖縄は本土の「捨て石」とされ、また戦後は講和条約によって切り捨てられ（第二の琉球処分）、さらに七二年の沖縄返還は住民の意向を無視したものであった（第三の琉球処分）という認識である。これに対して保守の側は、体系的な歴史認識を示すことはなかったものの、「戦後沖縄の特殊性から生じた被害者意識から抜け出」さなければならないことを主張する。しかし、こうした革新陣営の歴史認識は、その後〝克服〟されるどころか、復帰から四〇年余を経た今日、政府との対立が深まっていくなかでさらなる広がりをみせるのであった。

ただ、ここで留意しなければならないのは、日米安保などの国家レベルの問題についてはこのように保革で対立したものの、地域レベルの問題に対してはときに超党派で対応したり、あるいは同じ方向性をもってそれぞれが対応したところがあった、ということである。まず超党派の行動としては、たびたび発生する米軍関連の事件・事故への対応が挙げられる。殺人、強盗、暴行などの凶悪米兵犯罪や米軍機の墜落事故などが起こった場合、県議会や市町村議会で各党が党派を超えて連携し、全会一致の抗議決議などを採択するのは、その一例である。

また両者が同じ方向性をもっていたものとしては、米軍基地の整理縮小と沖縄の自立的経済発展の二つを挙げることができる。基地の全面撤去を唱える革新側と、一定の範囲内で基地を容認する保守側との間で違いはあったものの、基地の整理縮小をめざすという点では変わりはなく、しかも基地依存経済からの脱却をめざすという点でも両者の間に違いはなかったのである。

もちろん、そうはいっても、革新陣営が基地問題をより重視し、一方の保守陣営が経済問題をより重視したことは確かである。当時は米ソが激しく対立した冷戦の時代であり、そのなかで基地の返還もなかなか進まず、さらに基地経済からの脱却もいまだ射程内に入っていなかったことから、沖縄の政治空間は経済振興を優先する保守の主張に適合した空間であったといえる。実際の政治は復帰後の一九七二年から七八年までは屋良（朝苗）・平良（幸市）の革新県政が続き、その後一九七八年から九〇年までは保守の西銘（順治）県政が続くことになるが、どの県政にせよ、本土との格差是正や経済振興に力を注いだのは、こうした課題を抱えた政治空間にあったからである。

とりわけ、三期一二年にわたり県政を担った西銘順治は、自民党所属の衆議院議員（一九七〇年から七八年まで）であった経験とその人脈を活かして、これらの課題に積極的に取り組んでいくのであった。与党自民党のなかでも特に沖縄への関心を持ち続けたのは沖縄返還を成し遂げた佐藤栄作の流れを汲む派閥、すなわち田中派（のちに竹下派）であったが、その最大派閥に属していた西銘は、まさにこの時代にうってつけの人物であったといえよう。

二　冷戦終結後の沖縄政治と本土との関係

1　保革の接近

しかし、こうした状況は米ソ冷戦が終結した一九九〇年代に入ると、変化してくることになる。まず第一は、基地の整理縮小を求める県民意識の高まりである。米ソ冷戦の終結にもかかわらずなぜ沖縄にこれだけ大規模な基地が存続しなければならないのかという疑問が、とりわけ一九九五年の米兵による少女暴行事件以後、県民のなかに大きく芽生えてきたのである。第二は、基地の大規模返還の可能性が出てきたということである。五〇〇〇ヘクタールの基地を返還するという九六年のＳＡＣＯ報告に象徴されるように、基地は動かないものだという固定観念は消え去って、基地返還が現実の課題として射程内に入ってきたのである。そして第三は、基地経済の比重が大幅に低下してきたということである。日本復帰時には県民総所得の実に一五パーセントを占めていた基地関連収入が、五パーセントにまで低下してきたのである。

かくして、これまで経済を重視してきた保守陣営も基地返還をより現実的な課題として視野に入れはじめ、一方の基地問題を重視してきた革新陣営も返還後の経済問題をより具体的に見据えるという形で、両者の距離は事実上接近してきたのである。このことは、沖縄の政治空間が基地の整理縮小と経済振興を同時に推し進めることを課題とするような空間へと移行していったことを意味するといえる。実際の政治は一九九〇年から九八年までは革新の大田（昌秀）県政が続き、その後は稲嶺（恵一）・仲井眞（弘多）の保守県政が続くことになるが、その追求すべき課題は二〇一〇年代に入るまでのおよそ二〇年間、実は同じであったということである。

したがって、冷戦終結後の保革の具体的な争点を考えると、普天間基地の名護市辺野古への移設を容認するか否かという一点にのみ、事実上絞られていくのであった。しかもここで注意すべきは、移設を容認する保守にしても、決して無条件の容認ではなく、「使用期限」をつけたいわば条件つきの容認であったということである。つまり、県内移設を拒否すれば政府との関係が悪化し、沖縄振興予算などにも悪影響が出ることを恐れた保守であったが、その保守でさえも、基地の固定化は決して容認できるものではなく、「使用期限」をつけるというのがギリギリの線であったわけである。米軍関連の事件・事故や土地の強制接収など、広大な米軍基地あるがゆえの〝不条理〟を数多く経験してきた沖縄では、「使用期限」をつけての移設でさえ、なかなか県民の理解を得ることは困難だったのである。

一方、本土側に目を転ずれば、一九九〇年代半ばから沖縄問題に対応したのは、田中派の流れを汲む経世会（竹下派）出身の橋本龍太郎総理や梶山静六官房長官、そして後継の小渕恵三総理や野中広務官房長官らであった。彼らが北部振興策などを次々と打ち出すと同時に、沖縄側の理解を得ながら慎重に辺野古移設に取り組んだことによって、当時の稲嶺県政としてもギリギリの線で政府と歩調を合わせることができたのである。

しかし、清和会出身の森（喜朗）や小泉（純一郎）が政権を握るころになると、その沖縄との向き合い方も大きく変化していくことになる。とりわけ、稲嶺県政が辺野古沖合への移設計画を遅らせているとみた小泉政権は、結局のところ稲嶺との対話を打ち切って、辺野古沿岸への移設に大きく方針を変更していくのであった。沖縄と本土の溝が広がりはじめるのは、実はこの頃からである。

2　保革の連携

しかし、二〇一〇年代に入ると、こうした状況はさらに大きく変化することになる。二〇〇九年に民主党政権が誕生し、普天間基地の「県外移設」を模索したからである。これまで「苦渋の選択」として「県内移設」を容認してきた沖縄の保守は、この動きを受けて、ついに「県外移設」に舵を切るのであった。しかも、八ヶ月にわたる紆余曲折の末、結局のところ辺野古移設に回帰した鳩山由紀夫が首相辞任後の二〇一一年二月、海兵隊の抑止力は「方便」だったとみずから告白したことや、翌二〇一二年一二月に安全保障問題のエキスパートである森本敏防衛相が「〔普天間基地の代替施設は〕軍事的には沖縄でなくても良い」と公言したことにより、これまで沖縄の保守を支えていた論理の一つが崩壊することになる。すなわち、国家の平和と安全のためであれば一定限度内で米軍基地を受け入れるというスタンスをとっていた沖縄の保守であったが、ここに至って県内移設の根拠とされてきた海兵隊の「抑止力」とは一体何だったのか、なぜ本土でも代替施設の建設が可能なのに沖縄だけがその負担を引き受けなければならないのか、といった疑問と不信が出てくるのである。

また経済面をみても、広大な米軍基地がいまや経済発展の「阻害要因」になっているという認識が、沖縄の保守のみならず多くの県民に広がりはじめていることは重要である。例えば、米軍基地の跡地である那覇市の新都心地区は、返還前と比べてその直接的経済効果は三二倍にものぼり、さらに雇用者数に至っては実に九三倍にもなっているのである。これは、他の基地跡地にしても同様であり、これまで保革に関係なく追求されてきた基地に頼らない自立的経済発展への展望が、誰の目にもみえはじめてきたわけである。

しかも注目すべきは、こうした経済発展が実は沖縄振興予算が削減されていった時期に実現されていったものだということである。同予算は皮肉にも政府と対立した大田革新県政期の一九九八年度が最高の四七〇〇億円をマークし、逆に政府との協調に努めた稲嶺・仲井眞両保守県政下では実に二〇〇〇億円台にまで削減されているのである。政府との協調によって予算を獲得し、それによって県民から支持を得てみずからの権力を維持してきた沖縄の保守は、その拠って立つ基盤自体が揺るがされたわけである。

かくして、これまで条件付きで県内移設を容認してきた保守でさえ、その態度を大きく変え、沖縄では県内移設に反対する超党派の動きが生み出されるのであった。保革のイデオロギー的対立と系列化の時代をくぐり抜けた上で形成された、いわば第二の「島ぐるみ」ともいえる動きである。

三　新たな政治空間へ

1 「オール沖縄」の基盤

この一連の超党派の行動を保守の側で主導したのは、当時那覇市長であった翁長雄志(のちに県知事)である。この超党派の動きについて翁長は、次のように述べている。「自民党〔政権〕の時にも、民主党〔政権〕に変わっても、結果的に沖縄に基地を置いておけということになった。オールジャパンで、沖縄に基地を置いておけということになっちゃった。…オールジャパンに対してはオール沖縄で結束しないと駄目だ」。

この「オール沖縄」の基盤には、翁長のいうウチナーンチュ(沖縄人)としての「アイデンティティ」があったことは間違いない。この沖縄人してのアイデンティティを大事にし、これまでの劣等感を拭い去って気概をもって沖縄建設にあたらなければならないと県民に広く訴えたのは、実は沖縄保守政界のドンといわれたあの西銘順治である。例えば、彼は一九七〇年の国政選挙の際、「復帰により沖縄を再び日本一の貧乏県にしてはならない。何くそ、ヤマトンチュ〔本土の人、日本人〕に負けてたまるかという気概を百万県民が持ったとき、はじめて日本一の県になる」と力説している。また首里城の復元に取り組んだり、伝統文化の継承・発展のために県立芸術大学を創設したりして、沖縄文化の存続・発展に力を尽くしたのも、この西銘である。

こうしたことを考えれば、沖縄人としての「誇り」を力説し、しまくとぅば（沖縄の言葉）の存続・継承に取り組む翁長の言動は、決してこれまでの沖縄保守からの逸脱ではなく、むしろ西銘的な沖縄保守の伝統をある意味では受け継いでいるともいえる。もっとも、西銘が本土への不信感よりも「追いつき追いこせ」という対抗心のほうが勝っていたのに対し、翁長がこの「追いつき追いこせ」の時代状況をくぐり抜けた上で、むしろ本土への不信や不満といったものを露わにしているところが違いといえば違いである。

一方、県外移設を求める沖縄の民意がないがしろにされるという状況が続くなか、革新陣営の唱えてきた「自己決定権」の主張、すなわち「沖縄のことは沖縄みずからが決める」という主張が、翁長のアイデンティティ論とも絡み合って、沖縄で力をもちはじめることになる。米軍統治下で自治権を拡大させていった歴史や、琉球王国時代の歴史などが様々な形で結びついて、沖縄では「自立」や「自治」を求める動きが活発になっていくのであった。沖縄特別自治州から沖縄独立まで、その「自立」の方向性については論者によって違いはあるものの、その根底には、基地問題を根本的に解決しえない日本政府への怒りはもちろんのこと、同問題に無理解・無関心な日本全体への不満やいらだちといったものが横たわっているといえよう。また、基地が沖縄に集中する理由をうまく説明するものとして、「構造的沖縄差別」という言説が広く県民に受け入れられはじめたのも、実はこの頃からである。

ここに至って沖縄の政治空間は、辺野古移設を阻止することと沖縄の「自立」や「自治」を実現することをもその課題とするような政治空間へと移行し、いわばそれを追求してきた革新陣営の主張にマッチした空間になっていくのである。しかも興味深いのは、この「革新的」な政治空間で主導権を握ったのが、実は革新の側ではなく、その変化する現実を踏まえてみずからをそれに適応させていった翁長ら保守の一部と経済界の一部であったということである。稲嶺・仲井眞の保守県政下で力を衰退させていった革新勢力は、翁長らと連携することによって息を吹き返したのである。

その後、「オール沖縄」の流れから離脱し、政府・自民党との連携にしがみついていった沖縄の自民党が、辺野古移設が最大争点となった国政選挙でことごとく敗れているのは、沖縄の政治空間がもはや県内移設を認めないところにまで達していることをよく物語っている。

2　崩れてきた対話の土台

一方、こうした沖縄側の主張や行動が本土側からみて理解しづらくなってきた背景の一つには、冷戦終結によって保革のイデオロギー的対立が終焉を迎え、しかも一方の当事者であった革新勢力が衰退していくなか、本土の政治空間がいわば「保守的」なものへと変化していったことがあると考える。冷戦終結後に保革が接近し、次第に「革新的」な政治空間に移行していった沖縄とは正反対の方向である。よって、「右傾化」していった本土側からみると沖縄の政治空間は異質なものとして映りはじめ、逆に「左傾化」していった沖縄側からみると本土の政治空間は理解しがたいものとして映りはじめ、かくて両者の対話を可能ならしめる土台自体が、崩れはじめてきているのである。

例えば、二〇〇七年の高校歴史教科書検定をめぐる両者の対立などは、こうした文脈のなかに置いてこそ、より深く理解できるのではないだろうか。これは、沖縄戦での「集団自決」が日本軍の命令・強制・誘導によるものだという記述が文部科学省の検定過程で削除・修正され、これに沖縄側が強く反発した出来事を指す。この「沖縄戦認識」をめぐる対立は、ちょうど教育基本法の改正、防衛庁の省昇格、そして憲法改正国民投票法の制定などを次々と推し進めて保守色を鮮明にした第一次安倍（晋三）政権の時期にあたり、しかも「南京事件」や「慰安婦」をめぐる歴史論争が活発におこなわれていた時期にもあたる。

こうした状況のなか、沖縄では検定意見書の撤回を求めて県内四一の全市町村議会が意見書を可決し、県議会も二度にわたり全会一致で意見書を可決し、さらには超党派の県民大会が一一万人（主催者発表）もの人々を集めて開催されるのであった。興味深いのは、この県民大会の実行委員長を務めたのが自民党の仲里利信県議会議長であり、しかも仲井眞知事まで参加して開かれたということである。

実行委員長を引き受けた仲里利信は、次のように述懐している。「当時は第一次安倍政権。南京大虐殺の有無も定かではないとか、『従軍慰安婦』問題をうやむやにする流れがあった。…歴史をねじ曲げられる危機感が強かった」。国内で唯一住民を巻き込んだ苛烈極まる地上戦が繰り広げられた沖縄では、日本軍による住民殺害や壕追い出しなどの事例も多くみられ、そうしたみずからの戦争体験や戦争認識を否定するような動きが生じると、保革に関係なくこれに強い反発と抵抗を示すのである。

「殉国美談」や日本軍の再評価を沖縄側が受け入れないのは、この戦争体験や戦争認識があるからである。(2)

沖縄と本土の関係を考える上でいま一つ重要なことは、一九五〇年代から六〇年代にかけて両者の間に満ちていたあの「国民的一体感」すなわちナショナリズムが、日本復帰から四〇年余を経た今日、いよいよ衰退してきているのではないか、ということである。沖縄における独立論の浮上や一部本土側の沖縄へのヘイトスピーチなどは、この文脈のなかに置いてこそ、より理解できるのではないだろうか。(3)

かくして、イデオロギー的対立も消滅し、しかも両者をつなぐナショナリズムも衰退していくなか、そこから立ち現われてくるものは、「オール沖縄」と「オールジャパン」という二項対立の構造となるわけである。

四　沖縄と本土の対立を越えるために

1　戦後日本が解決できなかったもの

さてこのように戦後七〇年を経てここまで沖縄と本土の溝を深めてしまったのは、一体何であったのだろうか。その最大要因は、国土面積のわずか〇・六%にすぎない沖縄に在日米軍基地(専用施設)の七〇・三%(一万八四九六ヘクタール)が集中しているという状況を、すなわち基地の過重負担を戦後日本が解決できなかったことにあると考える。

そもそも米軍基地に対するある種の「負」のイメージは、まだ全国各地にそれが多く存在した一九五〇年代や六〇年代の本土においても、例えば岸信介や佐藤栄作などの保守政治家にしても、また外務官僚などにしても、あるいは社共を中心とする革新勢力にしても、その濃淡はあれ、皆が共通にもっていたものである。対日平和条約の発効時に一三万五二〇〇ヘクタールの米軍基地があった本土では五〇年代末から急激にそれがなくなっていき、七〇年代には実に八〇〇〇ヘクタール台にまで減少することになる（現在は七八二三ヘクタール）。かくして本土では、日米関係に付着する「負」の感覚も次第に薄れていき、いわば「正」のイメージをもった「日米同盟」という言葉が定着していくのであった。

しかし、ここで考えなければならないことは、そもそもこの「日米同盟」の基盤となる日米安保条約の本質が「物と人との協力」だということである。日本がアメリカに基地（物）を提供し、アメリカは日本に軍隊（人）を提供する、すなわちアメリカに基地を提供することと引き換えにアメリカに守ってもらう、というのが同条約の本質である。そのことを考えれば、基地という最も重要な「実」の部分の大半が沖縄に局地化されてみえなくなり、その「実」の部分を脇に置いたまま、「日米同盟」は深化・発展していったのではないか、ということである。しかも本土で基地が縮小されていった五〇年代後半に、その本土から沖縄に移駐した米海兵隊が辺野古をはじめ北部地区の大規模な土地を新たに接収したこと、そしてその海兵隊基地がいまでは沖縄の米軍基地の六九％（一万三〇五〇ヘクタール）を占めていることを考えると、このことのもつ意味は重要である。

2　沖縄からみた戦後日本とは

こうした日米安保や米軍基地の歴史を踏まえて翁長雄志は、次のような「根源的な問い」を本土側に提起している。「いったい沖縄が日本に甘えているんですか。それとも日本が沖縄に甘えているんですか」。この翁長のストレートな訴えは、これまで国家の安全のために基地を一定範囲内で引き受けてきた沖縄の保守からしか出てこない言葉である。また同時に、これまで本土側にはみえにくかった、いやみることを避けてきた戦後日本の安全保障体制をえぐり出したものだといえる。

したがって、国の安全を維持するための負担（責任）すなわち基地提供という負担の大部分を沖縄に背負わせたまま、それと正面から向き合うことなしに「日米同盟」や安全保障について語るのは、これまで積極、消極を問わずその「負担」を引き受けてきた沖縄の保守からすれば、実にリアリティのないものに映るのである。

そして一方で翁長は、憲法九条によって日本の安全が保たれているとする護憲派をも厳しく批判している。翁長はいう。「復帰後も沖縄に過重な基地を負担させている中で、憲法九条で守られているとか、戦争をしないとか言う。幻想や虚構に国民が安住してしまっている」。つまり、沖縄の過重負担の解消に本格的に向き合わないままその現状に「安住」している両方のあり方を、翁長はともに批判しているのである。

おわりに

以上、本章の議論から導かれる結論は、戦後七〇年を経た今日の沖縄と本土の関係は、もはや辺野古移設をめぐる対立関係を超えて、両者の拠って立つ政治空間そのものが異なるところにまで達しているのではないか、ということである。そしてその政治空間の違いをつくり出している最大の要因は、戦後日本が沖縄の過重な基地負担を根本的に解決できなかったことにある、というのが筆者の見解である。したがって、知的にも実践的にも今後の重要な課題は、この過重な基地負担を解決できなかった戦後日本の安全保障体制をどう克服するのか、また沖縄と本土の政治空間をどう再構成するのか、ということではないだろうか。(4)

翁長雄志は次のように述べている。「なぜいま歴史を問い直さざるを得ないのか。それは、いま現に沖縄において基地が異様なかたちで存在するからです。…『琉球処分のときもこうだった』『戦中もこうだった』と幾度も歴史を呼び戻し、そこから物事を発想せざるを得ないのです。もし基地がなくなれば、私たちは過去を忘れることができるでしょう」。

さて私たちは、沖縄が「過去の話を持ち出さなくて済む」ような状況をつくり出すことができるであろうか。それは上記の課題をどう解くかにかかっているといえる。

註

（1）本章では問題の所在を明らかにするために、「保守」「革新」の政治的枠組みを用いて考察するが、その中身をより深く分析することによって沖縄政治の特質がさらにみえてくるものと考える。また「本土と沖縄」、あるいは「日本政府と沖縄県」という視点で分析するが、それに加えて基地のある（あるいはかつてあった）都道府県との比較分析も必要になってくると考える。

（2）沖縄側の「沖縄戦認識」がこのような形で定着するまでのプロセスについては、本章でいう政治空間の変化や世代の変化などとも関連づけて、より深く検討していかなければならない課題である。

（3）一九五〇年代から六〇年代にかけて満ちていたナショナリズムとは一体どのような性格であり、いつ、何を基盤にして形成されたのか。またこのナショナリズムが戦後七〇年を経て衰退していったと思われるのはなぜなのか。これらの問いは、必然的に戦前のナショナリズムのあり方やそのナショナリズムの戦後への持続・変容・断絶の問題を提起するものであると同時に、戦後におけるナショナリズムとは一体何かを考える上でも本質的なものを含んでいるように思われる。筆者の今後の大きな課題の一つである。

（4）筆者は別の論考（『Journalism』二〇一五年九月号）で、沖縄の過重負担を解決するための新たな安全保障体制のあり方について論じている。また雨宮昭一は、本土側の基地引き受けが実現しなかったことによって「沖縄の人々vs本土の人々という新しい二項対立」が生み出されたことを指摘すると同時に、これを克服するためにも「オール沖縄、オール本土の新しい分解、再構成が知の課題としてあるように思われる」と述べている（雨宮「戦後の越え方と協同主義」『獨協法学』第一〇〇号、二〇一六年八月）。

参考文献

沖縄県祖国復帰闘争史編纂委員会『沖縄県祖国復帰闘争史（資料編）』沖縄時事出版、一九八二年
沖縄タイムス社編『沖縄を語る1――次代への伝言』沖縄タイムス社、二〇一六年
翁長雄志『戦う民意』角川書店、二〇一五年
河野康子・平良好利編『対話　沖縄の戦後――政治・歴史・思考』吉田書店、二〇一七年近刊
櫻澤誠『沖縄現代史――米国統治、本土復帰から「オール沖縄」まで』中公新書、二〇一五年
自由民主党沖縄県連史編纂委員会編『戦後六十年沖縄の政情――自由民主党沖縄県連史』自由民主党沖縄県支部連合会、二〇〇五年
平良好利『戦後沖縄と米軍基地――「受容」と「拒絶」のはざまで　一九四五～一九七二年』法政大学出版局、二〇一二年
平良好利「地域と安全保障――沖縄の基地問題を事例として」『地域総合研究』第八号、二〇一五年三月
平良好利「米軍基地問題は日本全体の問題だ　同情や批判にとどまらない挑戦を」『Journalism』二〇一五年九月号（通巻三〇四号）
宮城大蔵・渡辺豪『普天間・辺野古　歪められた二〇年』集英社新書、二〇一六年

II　歴史認識と和解をめざして

第五章　歴史和解は可能か——日中・日韓・日米の視座から

細谷雄一・川島 真・西野純也・渡部恒雄

二〇一五年は第二次世界大戦後七〇周年、対華二一ヶ条要求提出から一〇〇周年、日清戦争後一二〇周年、日韓国交正常化五〇周年、そして安倍談話の発表と節目が重なる年となった。このような状況を踏まえ、安倍談話の発表直前の二〇一五年七月に、中国・韓国・米国・欧州の専門家が歴史を繙き、日本の針路を考える座談会をおこなった。

一　「許さない、忘れない」から「許すけれども忘れない」へ

細谷　今回のテーマは「歴史和解は可能か」です。私にとっては、その答えは簡単です。おそらく不可能でしょう。でも、そういってしまうと話は終わってしまいますよね。そもそも歴史和解とは何か。何が争点で、何が和解を難しくしているのか。それを乗り越えるためにどういう知恵をしぼり出すことができるのかを、考えていきたいと思います。

最初にそれぞれの方の問題意識からお話しいただきます。まず日中関係、川島先生からお願いします。川島先生は、安倍晋三総理の戦後七〇年談話（安倍談話）に関して提言をおこなう「二〇世紀を振り返り二一世紀の世界秩序と日本の役割を構想するための有識者懇談会」（二一世紀構想懇談会）の委員でいらっしゃいます。また、日中歴史共同研究外部執筆者を務め、笹川日中友好基金などで日中の歴史研究者同士の対話に携わってこられました。

川島　歴史研究者が歴史の和解、歴史認識の問題に取り組むのはある意味邪道です。しかしながら私はいろいろな流れの中で関わってきました。そうした中で得た教訓、あるいは悩みがあります。

実は歴史家同士の対話はそれなりにはできてきました。日中歴史共同研究においてもです。そうした意味では歴史認識をめぐる歴史研究者の対話の経験はきわめて多く蓄積されてきました。しかし、その歴史研究者の対話のもつ社会的な意味となると、とたんに疑問符がつくことになります。

例えば、日中歴史共同研究でも、歴史研究者同士の対話に基づく報告書が政府レベルに上がると、政府、とりわけ中国政府から厳しい意見が出され始めました。その共同研究を進めた中国政府としては、公にできない内容が含まれている、というわけです。そして、政府の要求どおりに報告書には非公開部分が設定されてしまい、報告書は原形を留めなくなります。そして、その原形を留めていない報告書が公にされ、それが報道される段になるとさらに異なる話に変わってしまうのです。メディアは、その虫食いの報告書を比較検討し、日中間の相違点を見つけて、それに注目して報道してしまう。日中間の歴史学者の対話の段階では、同じ歴史叙述を目指しておらず、相違点があるのは当然としていたのに、です。報道の段階ではもう、対話のプロセスなどは捨象されることになるのです。これがひとつの例ですが、歴史認識をめぐる対話では、歴史家同士と政府、メディア・社会それぞれのレベルにおける話、歴史をめぐる問題の位相が違うという問題に直面します。

またここに、昨今は難しい要素が加わっています。例えば、今、中国は南京大虐殺と慰安婦に関する歴史資料を「世界の記憶」（世界記憶遺産）に申請していて、今年（二〇一五年）の九月にユネスコで審議されることになっています。（ユネスコは二〇一五年一〇月一〇日、中国が申請していた旧日本軍による南京大虐殺に関する資料について、世界記憶遺産に登録したと発表した。同様に申請していた慰安婦問題の資料は、登録が見送られた）。内外において歴史をめぐる政策が前面に出ていて、さまざまな対外広報、プロパガンダがなされているのです。こうした中で、いったいわれわれ歴史研究者は何ができるのだろうかと考えさせられています。

「和解」を研究する人たちの間では、「相手のことを許すけれども、相手のおこなった行為は忘れない」、これが和解の第一歩であるという議論がなされます。日中、そして日韓の間ではそのレベルには到達していません。中国の政治でも社会のレベルでも、「許さない、忘れない」という状態にあって、「許すけれども忘れない」段階に到達するのはなかなか難しいと感じています。

細谷　日韓関係はいかがでしょう。今年（二〇一五年）は日韓国交正常化五〇周年にあたり、それに関連して東京、ソウル、済州島等でさまざまな会議がおこなわれました。西野先生はそうした会議に最も多く出席された研究者ですよね。

西野　私は歴史学というよりはむしろ東アジア、とりわけ朝鮮半島をめぐる国際政治を専門とし、あわせて史料をもとに現代史を研究しています。

日中、日韓、日米それぞれの歴史和解の問題を考えてみると、日韓関係だけ異なる点があります。日本と韓国は厳密な意味において交戦国ではないということです。日本においては、戦後七〇年を考える際のひとつのポイントは、第二次世界大戦をどう評価するのか、ということでしょう。しかしながら、韓国においては、第二次世界大戦の意味づけ以上に、日本の植民地支配、つまり一九一〇年の韓国併合に関する条約から一九四五年の第二次世界大戦の終戦までの三五年弱をどう評価するのか、ということがポイントになり続けています。

一九六五年六月二二日に日韓基本条約が調印されて、同年一二月に国交正常化がなされました。この時、植民地支配の問題について、両国は玉虫色の決着をつけました。つまり、同条約第二条で、「一九一〇年八月二二日（併合条約締結日）以前に大韓帝国と大日本帝国の間で締結されたすべての条約及び協定は、もはや無効であることが確認される」としました。日本は一九一〇年の条約は、本来合法であったものが一九六五年現在は無効になっていると解釈し、合法的に植民地統治がおこなわれたという立場をとっています。他方、韓国は条約締結自体が無効であり、植民地支配は違法だと主張しています。結局、一九五一年から六五年まで続いた日韓交渉の中で、この認識の差が埋まらないまま、日韓双方が自国の国会に説明できるかたちで、「もはや無効」という文言によって決着をつけたということです。韓国側ではさらに、日韓基本条約の中にいわゆる反省やお詫びという文言がまったく入っていないことが問題になりました。

しかしながら、一九九八年に小渕恵三総理と金大中《キム・デジュン》大統領との間で署名された日韓共同宣言が出されました。私はこれをもって形式的には日韓の間で歴史和解は成し遂げられたと見ていいと思います。先ほど、歴史和解は「許すけれども忘れない」ということだとのご指摘がありました。小渕総理は、「痛切な反省と心からのお詫び」を表明し、金大統領はこの表明を評価し、「過去の不幸な歴史を乗り越えて和解と善隣友好協力に基づいた未来志向的な関係を発展させる」ことが重要だと述べました。つまり、「寛容の精神」が韓国側から表明されたのです。

にもかかわらず、なぜ今まで問題が続いているのか。日韓両国に事情があるわけですが、今日はおもに韓国側の事情を紹介したいと考えています。

細谷　続いて日米関係についてお願いします。渡部先生は一九九五年から約一〇年間、米国ワシントンD.C.のシンクタンクに勤務した経験をおもちで、米国の政策決定者の本音を知る日本では貴重な数少ないリサーチャーです。

渡部　私は日米関係、安全保障を分析・研究しています。歴史家でも外交史家でもありませんので、アメリカ人が歴史問題をどう見ているか、そして日米同盟の機能が国際秩序にどう機能していて、歴史認識とどうつながるのかという切り口でお話しします。

日本、中国、韓国、米国の中でどの国が最も違うか。それは米国です。第二次世界大戦以降今日までの世界秩序の維持者、覇権国です。

日本が歴史認識について話す時に気をつけなければならないのは、自虐的にならないほうがいいと考えて東京裁判などを否定しようとすると、日米同盟や米国の覇権の否定につながる。すると、日米関係がぎくしゃくしたほうがいいと考える勢力がそこを突っついてくる、ということです。日本は米国を現状の秩序を維持している重要な国だと理解し、かつ戦後七〇年、利益を共有してきたことは忘れてはいけない。それを忘れると、自分が望んでいない方向に話が展開していってしまう。既存の国際関係を否定して自ら墓穴を掘ることのないよう気をつけなければならない。

主要な欧米のメディアの昨今の焦点は、日本の「歴史修正主義者」が、一九三〇年代の日本の中国への侵略行為を正当化しているか否かということです。日本の一部にそのような人たちがいるのは否定できない事実です。どこの国にも過去を正当化したい人はいます。日本は表現の自由が担保される民主主義国家で、そのような発言も規制されません。

日本が現実に周辺国に脅威となるような軍備拡大や拡張的行動をおこない、既存の国際秩序に対して力によって挑戦しようとしている兆候があるのなら、「歴史修正主義」に敏感になるのは理解できますが、現実にはそうではない。

また、安倍総理を「歴史修正主義者」とレッテル貼りをする記事も見受けられます。しかし、彼自身は保守的心情をもっているものの、一方で第二次世界大戦後の国際秩序を構築してきた米国との同盟関係を強く支持する政治家です。既存の国際秩序に挑戦するどころか、むしろその維持を強く支持する立場をとっているのです。

「歴史修正主義」が問題となるのは、過去の侵略行為を正当化することで、未来の国際秩序への挑戦をも正当化しかねないという恐れがあるからでしょう。しかし、現在のところ、アジア地域で既存の国際秩序を力によって変更しようとしていると懸念されているのは日本ではなく、その日本の歴史認識を厳しく批判している当の中国であるというパラドックス的な状況が存在していることに留意する必要がある。

それから、歴史の和解には終わりがありません。将来にわたっても時おり歴史認識の問題が噴出することを覚悟しておくべきです。そして問題が出てきた際には、自国の生存や国際関係にどの程度影響するのかもよく見る、そして冷静に対処することが必要です。

今年（二〇一五年）二月、ギリシャがドイツに対して第二次世界大戦中ナチスドイツによって強要された戦時融資の返済を迫りました。占領に対する損害として、ギリシャの現在の公的債務の半分にあたる一六二〇億ユーロを請求する権利がある、と主張したのです。このことを知った多くの人は、ギリシャの要求に違和感を覚えたでしょう。しかしながらドイツは淡々と「法律的にも政治的にも解決済み」と冷静に対処していました。「そんなことはもともとやっていない」と安易な自己正当化に走れば、違う流れになっていたかもしれません。冷静な対処の仕方は学ぶべきだと思います。

細谷先生が最初におっしゃったように、歴史和解は簡単にできるとは思いません。でもだからといって諦めるのではなく、自分の国の不利益を最小にするにはどうしたらいいかを考えることが今後のテーマになると思います。

二　第二次世界大戦のとらえ方――歴史認識のさまざまな位相

細谷　最初から重要な示唆をいただきました。

これから四つの質問をします。そのうち三つは二〇一五年一月に安倍総理が年頭の記者会見で述べたことです。今年、歴史認識を考える上で、この三つの要素を考える必要があると思うのです。

一つは先の大戦の深い反省をどのように総括すべきか。これは周辺国からも深い関心が寄せられています。

二つめは、戦後七〇年、日本はどのような歩みをたどってきたのか。どのようにして歴史認識の問題を克服しようとし、和解を進めようとしてきたのか。

三つめに、一つめ、二つめの質問をふまえた上で、これから日本はどのような政策をとったらよいのか。

そして四つめ、私が付け加えたいことですが、八月に出される歴史認識をめぐる「安倍談話」に何を期待するか、ということです。

では、まず一つめ、先の大戦を日中、日韓、日米それぞれの関係において、どうとらえたらいいのか、日中関係からお願いします。

川島　先ほど、西野先生から政治レベルでの和解について話がありました。日中関係においても同様の局面があります。一九九五年の「村山談話」、そして二〇〇五年の「小泉談話」が出された時、中国側からすぐにレスポンスがあったわけではありませんが、二〇〇七年四月一二日の温家宝総理の日本の国会での演説で明確な回答がありました。二つの談話について、高く評価すると明言しています。政治家の文言のレベルでは、日中関係においても一定の和解ができたといえなくもないということになります。

一方、もうひとつの系列、すなわち一九七二年の日中共同声明、一九七八年の日中平和友好条約、一九九八年の日中共同宣言、そして二〇〇八年の戦略的互恵関係の包括的推進に関する日中共同声明の四つの基本文書があります。それらは一九七二年の「反省」という基調を受け継いでいて、また一九九八年の共同宣言は村山談話の「遵守」を明記しています。これらの文書は、日中間で合意したものです。この「謝罪と反省」を基調とした二つの総理談話と、「反省」を基調とした基本文書という二つのスタイルが日中間にあることは記憶しておいていいと思います。一九九八年の共同宣言で交錯してはいますが。

さて、細谷先生の質問ですが、難しいところです。

歴史を振り返ってみますと、近代の日中関係は一八七一年の日清修好条規に始まります。日清戦争までは、日清は対等な関係でした。ところが一八九五年の日清戦争を経て、日本が台湾、澎湖諸島を領有するに至り、不平等条約によって不平等な関係になる。しかしながら、これによって日中関係が全面的に悪化したわけではなく、日清ともに近代国家になるという共通の課題をもち、また近代国家の建設において先行した日本が、「近代」のモデルを中国に提供し、とりわけ法律や国家機構、立憲君主制などの近代国家の仕組みを、中国から来た多くの留学生が日本で摂取するということが見られました。

その近代の日中関係が転換するのは、一九一五年に日本が中国に対しておこなった対華二十一ヶ条要求であったと思われます。これ以後、中国で排日運動、いわゆる反日運動が生じるなど、日中関係が悪化したと見られます。その流れの中で五四運動が起きたわけです。

日本では一九二〇年代からワシントン体制を尊重する幣原外交において融和的な対中政策をおこなったと評価しますが、中国側の歴史家はまったく違います。日本は明治以来、一貫した大陸政策なるものをもっていて、中国を侵略し続け戦争に向かってまっしぐらに進んだというのが中国での見方です。一九二〇年代も経済侵略の時期と位置づけます。

このような日中間の歴史認識のずれは、一九三〇年代となるともっと顕著になります。中国の歴史家は一九三一年の満洲事変から一九四五年の終戦までを「一五年戦争」とひとくくりにします。これは侵略を基調に置いた見方でしょう。しかし日本の研究者には、一九三三年に塘沽《タンクー》停戦協定で満洲事変は終わっているし、一九三三〜三七年は和平の流れもあるので、日本の侵略がずっと続いていたわけではないという意見が多々見られます。

とりわけ日中間で大きく異なるのは、先の戦争のとらえ方です。日本に大勝利をしたと考える中国側と、米国に対して負けたと考える人が多い日本社会とのずれはなかなか埋められません。

国際連合（国連）の見方もずいぶん違います。中国語で国連は「連合国」。中国は国連を大戦時の連合国の後身と見ています。中国は戦勝国の中心メンバーだったゆえ安保理常任理事国の椅子を得たわけで、敗戦国である日本が安保理常任理事国に入るなどというのは、なかなか理解されません。戦後の日本の国際社会への貢献を考えれば、十分入る資格があると私は考えていますが、中国側のロジックではなかなかそうなりません。

しかし、そうした歴史認識がどこまで実際の外交に関わるのかということは未知数です。それに、戦前の歴史過程をどうとらえるのかということに関しては、歴史研究者間で史料を共有したり、議論したりする中である程度詰めていくことが可能です。しかしながら、そこから先、つまり問題をどうとらえ、外交上どう使うのか、というのはまた別の話です。歴史認識問題は、その時々において位相が変化しています。中国から見た場合には、歴史認識問題が単独で固定された問題としてあるのではなくて、国内政策、経済の状態、日中関係、対東アジア関係、対世界の諸政策と結びついて意味づけがなされてきていて、時代ごとに歴史認識問題の位相が変化してきたことに留意すべきだと思います。

西野　先の第二次世界大戦について、韓国は参戦できなかったことに対する残念さ、無念さを今日まで引きずってきています。韓国の歴史博物館のようなところに行くと必ずあるのが「大韓民国臨時政府」の展示です。これは一九一九年の三・一独立運動を契機につくられた独立運動団体で、光復軍という軍隊組織を立ち上げて参戦を準備していました。だけれども、参戦する前に日本が降伏してしまった。もし光復軍が連合国軍とともに日本に対して戦っていたならば、別の歴史があったのかもしれない——こういう考え方が韓国社会に今でも根強く残っています。

現実としては、大韓民国臨時政府の位置づけをめぐっては議論があります。国際的には、それは一種の政治団体であって、政府とはいえないという位置づけがなされていますから、なかなか韓国の方々の思いは複雑です。

先ほど私は植民地支配をどう見るのかが日韓間では重要な問題だと申し上げました。一九六五年の日韓基本条約では玉虫色の決着をつけ、そのことを一九九〇年代までは政府間では大きな問題にしてきませんでした。しかしながら二〇〇〇年代に入るころには、一九六五年当時の締結のやり方自体を否定する認識が韓国内で強くなってきました。

一九六五年当時を振り返ってみますと、朴正熙《パク・チョンヒ》政権は権威主義的な色彩の強い政権で、反対運動を戒厳令により抑えるかたちで国交正常化を成し遂げました。しかも、国民が望んでいた日本からの心のこもった謝罪は勝ち取ることができず、加えて思っていたよりも経済協力の額は少なかったのです。もちろん、それをシードマネーとして経済発展をしたことは韓国の多くの方が認めていますが、それよりももっと大事なものをとれなかったのではないか、という認識が強いといえます。それが今日の日韓関係における「歴史認識問題」の始まりです。

また、日韓関係を考える際にもうひとつ重要なのは、一九六五年当時、日本が南北朝鮮のどちらを朝鮮半島における正統な政府と認めるのか、あるいは日本は北朝鮮との外交関係を開く余地を残しておくのか、という問題があったということです。これは基本条約の第三条と関わる問題です。

一九六五年の国交正常化の時点で日韓関係にはこうした問題が埋め込まれており、今になって議論が噴出してきている。いつまでこの状況は続くのか、歴史和解は可能なのか、という今日のテーマにつながってくるわけですが、おそらくは、完全な歴史和解は難しいという現実を直視しないといけないと思います。

ただし、朝鮮半島との関係でいえば、分断が解消される時、つまり統一朝鮮半島が立ち現れてくると、韓国のナショナリズムのあり方が変わるでしょう。その時に日本は統一朝鮮半島とどういう関係をつくるのか、という観点から歴史和解の問題に取り組んでいかなければならないし、戦後七〇年、国交正常化五〇年の節目はそれを今一度しっかり考える重要な契機だと考えています。

三　戦後七〇年の総括は現実にそったかたちで

渡部　歴史認識をめぐっては、日中、日韓関係は複雑ですね。それに比べると日米関係は相対的には単純です。でも日本側の心理はかなり複雑。自分の中でどう納得するかが重要です。

例えば、東京裁判に関して、敗戦国日本が罪を問われるのはある程度は仕方がないというのは大部分の人が共有する感覚でしょう。他方、米国による原爆投下や東京大空襲こそ大虐殺、国際法違反で、罪を問われないのはおかしいと主張する人もいる。

また、日本には右派にも左派にもナショナリズムがあります。右派のナショナリズムは保守的で、日米同盟を支持している。ただし、ナショナリズムは自らの過去を正当化しがちなので、反中、反韓ですし、極端に走ると米国ともぶつかることになる。さらに、今、安全保障関連法案に反対する人の多くに見られるような、左派からの反米ナショナリズムもある。右派も左派も反米につながる要素をもっています。

歴史問題に関する認識を表明する際には気をつけるべきであることは先ほど指摘したとおりです。日米で認識が乖離すると、それを悪用する勢力が出てくる。それは日本にとっても世界にとっても好ましいものではない。

日本は戦前、国際協調に向かう世界の流れを理解せず、あるいは無視して、孤立していった歴史があります。しかしながら、戦後日本はそうした道を歩んでいません。例えば、一九七〇年に発効された核兵器不拡散条約（ＮＰＴ）は核兵器保有国（米、ロ、英、仏、中）以外への核兵器の拡散を防止し、核軍縮交渉をおこなう義務を定めるもので、現在一九〇ヶ国が締結しています。日本は核兵器を持とうとすれば技術的には可能なのに、あえて持たない。これは重要な話です。

日米関係における戦後七〇年の総括は、日本の総括を要求するところがあります。ただし、その総括を思い込みだけで、現実にそぐわないかたちでやると、パンドラの箱を開けることになるかもしれない。下手をすると日本が今拠って立つ国際秩序、それを維持するアメリカの覇権と相容れない部分が出てくる。われわれの生きる世界、人類は必ずしも理想だけにそったものではないということを認識して、現実的に折り合いをつけていくことが必要です。

日中・日韓関係が日米関係と異なる点は、戦後の和解の時期において韓国も中国も民主体制ではなかったため、政府間の合意はあっても国民レベルでの議論や理解が十分ではなかったことです。アメリカは戦前、戦後を通じて民主主義国家ですし、日本も戦後は民主的で国民が自由に議論ができる環境が担保され、民間でそれぞれの歴史認識の違いや矛盾などについて比較的オープンな議論ができました。その意味でも、日韓・日中の歴史的な和解は日米に比べて難しいだろうと思います。

四　政府との和解と社会との和解と

細谷　先ほど私が挙げた二つめの質問、「日本の戦後七〇年の歩みをどう理解したらいいのか。何をやって、何をやってこなかったのか」。まず、戦後七〇年の日中関係についてはいかがでしょうか。

川島　二〇一五年九月三日、反ファシズム戦争勝利・抗日戦勝利の記念日にあわせ、北京で軍事パレードがあることが知らされています。なぜ九月三日なのでしょうか。日本が戦艦ミズーリの艦上で連合国向けの降伏文書にサインをしたのが九月二日で、その翌日に国民党政権が重慶で抗戦勝利パレードをおこなったことに由来します。国民党を本土から追放した共産党政権は、当初八月一五日に記念日を設定しましたが、やがてソ連に合わせて九月三日にこの日を対日戦勝記念日と定め、さらに昨年の全国人民代表大会（全人代）において、九月三日を「抗日戦争勝利記念日」、一二月一三日を南京事件の「国家哀悼日」にするという議案を採択しました。

第二次世界大戦後、ここに至るまでの歴史を振り返ってみます。

一九四五年の終戦時、中国大陸には日本陸軍が一〇〇万人以上いました。まず中国側はそれを武装解除して粛々と日本に返していくわけですが、国民党、共産党ともに、日本軍を敵に回さないようにしていた面もあります。

一九四九年一〇月一日に中華人民共和国が成立し、中華民国が台湾に遷ると、世界に二つの中国政府が成立することになりました。日本がどちらと講和し、正式な関係を結ぶのかが問題になったのです。台北からすると、日本からの承認がどうしてもほしい。北京からすると、たとえ日本が西側陣営に入って台北を承認しようとも、なんとか北京との関係を外交関係へと発展させていってほしい。だからこそ、双方ともに日本を断罪するという姿勢はとりにくかったのです。しかし、他方で中国国内では、中国が戦勝国であるがゆえに、戦時中のプロパガンダの内容を変更できません。そのため、戦後になっても、日本を批判する教育を国内で続けたのです。

蔣介石は一九四五年の終戦当時から、「軍民二元論」を提唱していました。これは戦争責任を一部の軍国主義者に帰して、民間人の多くや一般兵士は被害者だとするものでした。毛沢東もこうした考え方をもっていました。

ただ、蔣介石は対日賠償請求の準備はしていて、五一五億ドル以上の請求額をはじき出してはいました。しかしアメリカの対日占領政策の転換によって、連合国は基本的に対日賠償放棄を決定し、サンフランシスコ講和条約でも多くの国が賠償を放棄しました。蔣介石もそれに倣い、一九五二年四月二八日の日華平和条約でも中華民国は対日賠償を放棄しました。

ちょうど東アジアが冷戦に組み込まれていく時期であったのですが、中華民国政府が日本に「中国政府」として選択されることになったわけです。以後、日本と中華民国の間では、「以徳報怨」という言葉が重視されるようになります。これは徳をもって怨みに報いるという言葉で、日本人はこれを用いて蔣介石の寛大政策に対する謝意を示すようになったのです。蔣介石は一九七五年に死去しますが、それまでは、日本の政治家は蔣介石に会えば、その言葉をいう。蔣介石も戦争の話はしない。以徳報怨という「まじない」は、少なくとも日本の政治家と国民党政府の間では、一定程度機能していきました。

一方共産党、北京の側は、日本が米国と結びつき台北を承認することを嫌って、軍民二元論をとりました。それは、日本の民間人を中国に引きつけ、北京政府を承認するような運動を起こしてほしい、あるいは、先ほどの渡部さんの話にも通じますが、米国への対抗上、日本国内の反米運動や革新派の動きと結びつきたいと考えていたと考えられます。北京は、日中友好人士や革新派と結びつき、反米運動を支持しました。日本の中立化をめざすことは、当時は対日工作として中国では位置づけられていた。この日中友好運動においては、歴史認識問題は必ずしも前面に出ずに、より戦略性の高い日中関係や米日中関係の中に落とされていったわけです。このコンテキストの下で、「日中友好」という語にも過去の歴史を反省し、現実には中国に協力する含意がありました、この言葉も「まじない」だったのでしょう。

ただ、日本に対しては軍民二元論をいいながらも、中国国内、あるいは台湾内部においては共産党も国民党も相当強い反日教育をしていました。これは先ほど申し上げた通りです。戦争に勝ったこと、あるいは日本を倒したことを自らの正当性の拠りどころにして国内で教育をしながらも、日本に対しては、互いに国民党、共産党を見ながら、自分のほうに寄ってほしい、と日本にメッセージを送っていたのが一九五〇～六〇年代ということになるでしょう。この時期、蔣介石と日本の間には「以徳報恩」があり、日中関係においては「日中友好（運動）」がありました。これらは歴史をめぐる問題を抑制するための象徴的な「まじない」で、日本と国民党、日本と共産党との間で一定程度シェアされたことに留意すべきです。昨今そうした言葉が日中間にあるかというと、なかなか難しいものがあります。

残念なことは、一九五〇～六〇年代に多くの日本の戦後知識人が戦争を悔い、戦争責任論を論じていた時、当時、国交のなかった中国はもとより、国交のあった台湾でさえも、日本の知識人たちとの交流は十分ではなく、東アジアの人々も交えた和解が進展したわけではなかったことです。

また、一九五二年の日華講和条約締結、七二年の日中国交正常化の際、相手が民主化していなかったことも指摘する必要があります。つまり、日本と周辺国の対日講和の政策決定プロセスの中に、相手の国の人々、社会は加わっていないのです。中国も台湾も民主化していなかったということ、これがドイツと違う点です。ですので、日本の周辺の国々が民主化していくと、社会の側から国内的にも対外的にももう一回戦後処理が提起されます。独裁政権がおこなったことは民意をふまえておらず無効だというのです。日本はそれに向き合わねばなりません。日本がいくら「法的、外交的に解決済み」といっても、相手は聞いてくれません。これが、一九八〇年代以降、韓国、台湾が民主化し、中国社会で人々の力が強まる中で、日本が直面しなければならなかった問題なのです。

一九七二年に日中が国交正常化し、日本は一九七九年から対中政府開発援助（ODA）を始めます。改革開放を進める鄧小平副首相は「日本は経済の師である。しかし歴史を忘れてはいけない」といって、歴史と経済の両輪をつくり上げた。つまり経済では日本に学ぶが、日本との歴史は忘れないということです。ただ、一九八〇年代は日本の経済、ODAの意味合いが強かったので、経済面で日本が少しでも譲歩をすれば歴史問題は解消できた面があります。

ところが一九九〇年代に入って、日本の経済力が、中国に対して弱くなっていきました。そしてODAが縮小し、日本がもっている対中経済カードが小さくなり、歴史認識問題でそのカードを切れなくなっていきます。二〇〇〇年代に入ると、さらにカードは切れなくなりました。加えて、日中友好や以徳報恩といったカードも、日中友好運動の後退などの社会の変化その他によって、すでに使えなくなっています。そうなると、経済と歴史の両輪のうちの歴史の部分がふくらんでしまいます。歴史問題が前面に表れて、日中間では歴史問題や領土問題がすべてになってしまうことになります。

さらに追い打ちをかけたのは、司法の場です。もともと司法の場では、日中国交正常化によって国家賠償は放棄されたが、民間賠償は放棄されていない、という解釈がなされていました。ですので、民間の賠償に関する案件で、除斥さえクリアできれば、民間の原告に勝訴の可能性があったのです。

ところが今世紀に入って東京高等裁判所で、また、最高裁判所でも、民間賠償も放棄されている、という判決が下ったのです。これはたいへんなことです。それまで、歴史の和解に一定の役割を果たしてきた司法が、以後歴史には深く関わらない、と語ったようなものだからです。司法が処理をしなくなった結果何が起きたかというと、これは直接の因果関係というより、現象として相前後して生じた現象かもしれませんが、日本では歴史認識問題が政治と社会に引き取られていって、二〇〇六年から日中歴史共同研究が始まり、いろいろな場での対話がおこなわれるようになりました。また、中国内部で裁判が起こされるようになりました。

このように、日中間の歴史をめぐる問題、和解の問題は、対日工作、経済関係など、その時々のさまざまな状況と絡みついて日中関係全体の中に位置づけられてきました。他方で、対話と交流の成果として、実際に和解の進展も見られてきています。問題拡大を防ぐ方式も一定程度機能してきたし、和解に向けての交流や対話、共同研究などの試みもなされてきた。しかし、あったはずの問題の拡大を抑える装置がだんだん失われていって、今のように問題がエスカレートするようになってきています。二〇〇七年四月一二日の温家宝総理の国会演説は日中間の政府レベルでの和解のひとつの到達点を示すものでしたが、その後中国側も外交方針を大きく転換していき、歴史問題は、日中間のパワーシフトの中で、中国が日本を攻撃する格好の材料になり、東アジアでも中国のパワーが日本に勝ることを如実に示すケースになりつつあります。今、この問題をマネージするために知恵を出し合わなければならない状態にあります。

細谷　普段われわれが気づかない視点を提供していただきました。戦後七〇年の日韓関係についてはいかがでしょう。

西野　あえて単純化していえば、基本的には大きく発展してきた歴史であるといえます。

一九四五年から六五年までの二〇年間、日韓間では国交が開かれていませんでした。サンフランシスコ講和と時を同じくして日韓交渉が始まったわけですが、一四年間の長きにわたって、歴史認識の問題で溝が埋まらず、一九六五年には先ほど申し上げたように玉虫色で決着をつけたわけです。日韓関係を研究する者の間では共通の認識ですが、基本的には「経済の論理」と「冷戦の論理」、別言すれば「安全保障の論理」が優先され、歴史問題は後回しにされたのです。

当時の日本からすれば、韓国の政治経済的な安定と発展が、日本の安全保障にとっては必要でした。韓国からすれば、経済の発展が切実な問題でした。つまり両国の利害が一致したため、国交正常化が実現したのです。その目的が十分に達成されたことは、今日の韓国の発展ぶりを見れば明らかでしょう。しかも、一九八〇年代末には民主化をも実現して、ダイナミック・コリア、あるいは「過剰民主主義」とまでいわれるような社会に成長したわけです。このような状況の中で、川島先生がおっしゃったような問題、民主化に成功したがゆえの問題が日韓関係にも突きつけられています。

さきほど私は、「歴史問題は後回しにされた」といいましたが、冷戦終結後一九九〇年代に入り、日本はこの問題に対して真摯に取り組んできたと思います。一九九三年の河野談話、一九九五年の村山談話、アジア女性基金設立、そしてそれらの取り組みのひとつの到達点が一九九八年の日韓共同宣言です。

二〇〇〇年代に入ると、再び歴史問題が大きくクローズアップされるようになります。韓国側からすると、その引き金を引いたのは、二〇〇一年以降毎年恒例になった当時の小泉純一郎総理の靖国神社参拝でしょう。

しかしながら日本は二〇一〇年、日韓併合条約一〇〇年の節目に菅直人総理大臣談話を出しています。もったいないことに、日本国内ではあまり評価されていないのですが、当時の民主党政権の重要な取り組みのひとつです。植民地支配に対して踏み込んだかたちで日本の意思を表明しました。

私は以上のように日韓関係の七〇年をとらえています。日本ではこのような見方に賛同してくださる人は多いと思いますが、韓国ではそうではない見方が主流になりつつあります。

一九九〇年代になって韓国の民主化が進み、一九九八年には金大中《キム・デジュン》政権が誕生し、二〇〇三年には盧武鉉《ノ・ムヒョン》政権が誕生します。それまでは保守政権でしたが、進歩政権が二期一〇年にわたって続くことになります。韓国社会では、それまでは保守的な考え、反共イデオロギーしか許容されなかったのが、民主化したことによって進歩的な考えが徐々に許容されるようになってきた。今では、進歩的な考えと保守的な考えは、韓国の社会では半々を占めているといえるほどになっています。

例えば、二〇一二年大統領選挙の得票率を見ると、保守の朴槿恵《パク・クネ》氏が五一パーセント、進歩の文在寅《ムン・ジェイン》氏が四八パーセントとほぼ半々です。かつて進歩勢力は声を出すことすら許されない状況だったのですが、以前に比べると今はのびのびと声を上げることができます。この進歩勢力の中心は、かつての民主化勢力の人たちです。民主化勢力の基本的な考え方は、〝一九六五年当時の朴正煕政権による国交正常化は必ずしも正しくはなかった。当時は国力が小さかったため、仕方がなかった。しかし韓国は成長した。今の国力、国際的地位に見合うかたちで日韓関係をもう一度つくるべきではないか〟というもので、そうした声が韓国の中では大きくなってきたのです。

それは韓国社会の中だけではなく、司法の声となっても現れています。慰安婦問題等について問題解決のための韓国政府（行政府）のさらなる努力を求めた二〇一一年八月の憲法裁判所の決定、徴用者問題について被害者個人の賠償請求権を認めた二〇一二年五月の最高裁判所の差し戻し判決は、まさに一九六五年当時の国交正常化のやり方を再考すべき、という司法の側からの声です。こうした韓国社会や司法からの突き上げに対して、韓国政府は日本との国家間の約束をどうやって守っていくのか、という非常に厳しい立場に置かれているのです。

五　現実の利害の一致が和解を支える

細谷　話を聞けば聞くほど、難しいことを実感します。特に韓国の場合は、中国、米国と比べても難しい要素があるのだろうと思います。場合によっては以前より難しくなっている。よりいっそう知恵を絞らなければいけない時代に入っているのかもしれません。

渡部　戦後七〇年の日米関係は全般的に良好であったということには多くの人に賛同いただけるので

はないでしょうか。その間日本は反米左派や右派のナショナリストを抱え、悩みながらも折り合いをつけてきた。

二〇一五年六月にドイツのエルマウで主要七ヶ国（G7）首脳会合がおこなわれました。共同宣言で、海洋安全保障に関して、「東シナ海及び南シナ海での緊張を懸念している。…〔中略〕…威嚇、強制又は武力の行使、及び、大規模な埋立てを含む、現状の変更を試みるいかなる一方的行動にも強く反対する」という文言が入っています。明らかに中国を指しているわけですが、この文言は日米が入れました。こうして世界的規範が補強されているわけです。

同じようなことは、二〇一四年三月にロシアがG8から除外されたことにも表れています。ロシアがウクライナのクリミア半島を併合したことに対抗して他の七ヶ国の首脳が決定したことです。アメリカはこのようなリベラルな世界秩序の維持に大きな利益をもち、理念的な支持も強く、それを力が支えている。日本はアメリカの維持する秩序に共通の利益をもち、その理念に賛同して、戦後一貫して協力してきている。このような現実の利害の一致にも、日米両国民の基本的な和解は支えられている。

でも、そうでもない時期も一瞬ですがありました。私がニューヨークに留学中の一九八九年当時、現地の日本人社会の中では、真珠湾攻撃記念日の一二月七日には「日本人は外出を控えたほうがいい」といわれていました。当時は冷戦が終結したころで、日米貿易摩擦が激化して日米関係が悪くなった時期です。

米国は冷戦に勝利した。ソ連は崩壊し、ベルリンの壁も崩れた。ところが、米国の経済力が弱くなり、一方日本、ドイツなど旧敵国は絶好調。それに対する反発から日本異質論が出る。〝日本は真の民主主義国家ではない。〝集団主義的でアンフェアな国〟というたいへんな誤解がメディアやアカデミズムからなされました。私はその誤解の理由を知りたくて米国に留学したぐらいです。政治学も、日本異質論への反論のための理論的な土台をつくるために勉強しはじめたところもあります。

ただ、その時にわかったのは、国家間の関係自体が悪いと歴史認識や文化の違いなどの要素が動員されて、負のイメージづくりに使われてしまうということ。逆に関係がよくなると、マイナスイメージは払しょくされるのですね。米国のハリウッド映画もそういった多くの人がもつイメージを使ってつくられています。例えば、ショーン・コネリーが主演している映画「ライジング・サン」（一九九三年公開）。日本企業による米企業の買収、市場進出が問題視されていた一九九〇年代前半のカリフォルニア州を舞台にした日米経済摩擦サスペンスですが、悪役の殺人犯は日本人の財閥の息子です。第二次世界大戦前後を題材にした作品はナチスドイツ、冷戦期はロシア、九・一一テロのころはアラブが悪役でした。イメージに基づいて悪役もぐるぐる回っている。ただし、アメリカは民主主義国家だから、それが売れなかったり、つまらなかったりしたら、〝悪役レッテル貼り〟はなされなくなる。それがデモクラシーのいい部分ともいえます。

一方、デモクラシーには困った部分もあります。例えば韓国系アメリカ人が、日韓間の問題を米国にもち込んでいろいろな活動をする。米国内では当然ながら自由ですから。そうすると「アメリカを舞台になぜ韓国が反日をやっているのか」とワンクッション置いたかたちで日韓関係が複雑化する。米国の民主社会が大らかなところの負の側面でもあります。

だから、米国のデモクラシーはマイナスの部分も多少あるけれども、大きなところではプラスになっているということ、そして民主主義や人権を中心にした米国人が共有する基本的な理念はよく理解しておく必要がある。歴史認識問題は今のところ日米間では大きな問題にはなっていないけれど、タイミングが悪ければ政治問題化することもあるので、要ウォッチではあるのです。

六　「安倍談話」に期待すること

細谷　これまでお三方にご指摘いただいた日中、日韓、日米関係のこれまでたどってきた道のりを前提として、三つめと四つめの質問、「戦後七〇年を迎える今年、それぞれの二国間関係には何が必要なのか、日本はどういう政策をとるべきか」「『安倍談話』に何を期待するか」。それぞれお知恵をいただければと思います。

川島　私が関係している委員会などから与えられている守秘義務などの制約はありますが、可能な範囲で話したいと思います。

二〇一四年の内閣府の「外交に関する世論調査」を見ると、日本の中国に対する国民感情は、「親しみを感じない」人が八割を占めます。沖縄県での調査でも、それより多くの方々が「親しみを感じない」としています。他方、中国側もほぼ同数の方が、日本に対して「親しみを感じない」といっている。今、互いに国民感情が悪い状態です。一九八〇年代の同じ調査では、日本の七割以上の人が中国に対して「親しみを感じる」といっていました。中国でも当時日本映画ブームがありましたし、かなり高い数字が出ていたと思われます。互いに対する国民感情が逆転したのは一九八九年の天安門事件、九六年の台湾海峡ミサイル危機、そして二〇〇五年の反日デモのあたりです。

ただ、言論NPOの「日中共同世論調査」を見ると、「相手の国を重要だと思いますか」との問いに、二〇一四年の調査では、日本人の七割が日中関係は大切だと答え、中国人の六割が中日関係は大切だと答えているのです。

つまり、日中関係についての日中の相互認識は、「親しみは感じないけれど、日中二国間関係は大切だ」ということになります。これは、それほどおかしな関係ではありません。私自身は、かつての「友好」の時代をなつかしんで親しみを取り戻す努力を無理にするより、ある種の緊張関係をはらみながらも信頼関係を築く、相手を重要と思いながら相手をしっかり批判的に見る、という関係になっていくのが自然のように感じます。

とりわけ日本にとって中国は第一の貿易相手国です。いろいろ問題があるにせよ、当面は日本経済にとって重要な相手になることは、ほぼ間違いありません。中国が拡大しているのは確かですが、日本、そして世界の今後にとって、中国の安全保障、政治のあり方が重要であることは否定できないと思います。ですから、大事なことは、しっかり見ること、観察すること、目を背けないこと。決めつけをしないで観察するのは、なかなかたいへんなことです。しかしこれらのことをやらねばならないほど中国は大きな存在になってしまったと思います。

また、ひとつ重要なことは、中国にとっても日本は敏感な存在だということです。今さまざまな〝抗日ドラマ〟が放映されていて、時代考証が乱れたものがあふれている。それだけに中国社会の側の方が政府よりも日本に厳しい面があり、また知識人の中には抗日ドラマへの反発も強まっています。日本に関して厳しい教育をしてきた中国共産党が自らの首を絞めているわけですが、一面で日本に対する国民感情が悪化していることも確かです。とりわけ尖閣諸島の問題が起き、温家宝総理が日本との和解へもっていこうとして失敗したあと、二〇〇九年あたりから中国の対日政策はより敏感になりました。民間では日本の製品や漫画などへの肯定的な評価も見られますが、公の場での日本評価は厳しいものがあります。そして、経済発展をめざすグループは日本との関係を重視しますが、そうでないグループは日本との領土問題を強調するという面があります。中国国内の政治路線対立が対日政策の分岐にも関わっているのです。特に二〇一二年の尖閣国有化によってその傾向が強まりました。ですから、中国内で政治レベルの問題が生じると、日本に対してどういう姿勢をとるかによって、政治が国内世論から突き上げをくらうのです。そういう中で中国にとって日本は扱いにくい相手になりつつあると思われます。

そうしたことを考えると、互いに話し合えることは話し合って、対立を大きくするのをなるべく防いでいくことが、当面の合意事項になっていくでしょう。この半年ほどの習近平国家主席の対応は、振り子の針が振れすぎない範囲で止めるという判断だったのだろうと思われます。

「安倍談話」に何を期待するか――。私はわかりませんけれども、一九四五年以前をどう見るか、戦後七〇年をどう見るか、そして二一世紀をどう見るか、という三つのパートがあるとすると、村山談話と小泉談話とは異なる特徴が出ると思います。この二つの談話はどちらかというと過去、つまり一九四五年以前に重きがありましたが、「安倍談話」はおそらく、戦後七〇年の歩み、あるいは戦後日中間で積み重ねてきた和解の取り組みに重点を置くものになるだろうと思われます。過去への反省をふまえ、事実認定をした上で、足りなかったことを今後やっていく、という発想になると思います。

個人的には、先ほど指摘した中国をきちんと見るということを大前提にして、二〇〇七年四月一二日の温家宝総理の日本の国会での演説をふまえていくつかやることがあると思っています。

一つは一九九四年には、翌九五年のものとは異なる村山談話があり、またそれにより「平和友好交流計画」が始まりました。日本と戦争があった欧州、アジアの国に対して、未来の和解に向かって市民レベルでの和解のプロセスを進める、交流するために日本は大きな予算をつけてきたのです。そうした努力は今後とも続けていくべきだと考えます。「許すが忘れない」といってくれている国であっても、「忘れない」という目線がある以上は、われわれはその歴史を忘れていないということを表現し続ける必要があると思われます。「許さない、忘れない」という国に対しては余計にそうです。

また、戦前の事実のみならず、戦後の日本の和解への取り組みに関する事実をしっかりと発信することが大事です。例えば、アジア歴史資料センターのウェブサイトは、国の機関が所蔵公開している歴史資料――国立公文書館、外務省外交史料館、防衛省防衛研究所戦史研究センター所蔵の資料――を無料でダウンロードできる便利なものです。でもなぜか戦前部分しか公開していません。もし戦後の日本の和解への取り組み、国際社会への貢献を扱っていれば、戦後七〇年の歩みの理解も進むでしょう。

そのほか歴史教育、とりわけ近現代史の強化も問題です。

最後にひとこと申し上げたいことがあります。東アジアを見る上で私自身が懸念しているのが台湾です。日本では、台湾は親日的だと思われがちですが、そんなに単純なものではありません。歴史についてもセンシティブな動きが台湾内部で多々起こっています。台湾の状況の変化に応じて、日中関係も、日米関係も、沖縄の位置づけも変わってきます。台湾の政府のみならず、社会との和解も今一度真剣に考えなければならない時代に入っていると感じています。

七　二倍謙虚になり、相手に対しては二倍寛容になれば

西野　大きく三点申し上げます。まず一点目に、日韓間でも互いの認識は悪化しています。内閣府の「外交に関する世論調査」では過去最低値を記録。日本では三人のうち二人が韓国に対して親近感を感じていない状況で、きわめて深刻です。対照的に、二〇〇九年ころまでは三人に二人が韓国に「親近感を感じる」と答えていました。一方、韓国の対日感情も非常に悪いのですが、これはほぼ一定の

割合でずっと悪いのです。

日本の対韓感情が悪化する直接の引き金になったのは、二〇一二年八月の当時の李明博《イ・ミョンバク》大統領の竹島上陸や天皇に関する発言等です。それ以来、日本の対韓感情は悪いままです。両国の指導者はこの深刻な状況をしっかり認識して、これ以上両国関係が悪くならないようにマネジメントすることが必要だと思います。

幸い、二〇一五年六月二二日の日韓国交正常化五〇周年を記念するソウル、東京でのレセプションには両国の指導者が参席されました。何とかこのタイミングで関係改善のきっかけをつかみたいという両国指導者の意思があったのだろうと好意的に解釈しています。この流れを秋以降、日中韓首脳会談の実現など何らかのかたちでより前に進めてほしいです。

二点目ですが、最近韓国側でいわれているツー・トラック（Two Track）政策、つまり歴史の問題はそれ以外のものとは切り離して扱い、歴史問題が日韓関係のほかの領域に悪影響を与えないようにする、ということは当然必要だと思います。

ただし、それは歴史問題を置き去りにするということではなくて、歴史問題についても解決に向けたたゆまない努力は必要です。韓国社会も日本社会も一九六五年当時とは大きく変わってきていますので、日韓ともにまずはその現実を受けとめて、それに基づいて何ができるのか、慎重に、かつ粘り強くアプローチしていくべきでしょう。

これと関連して申し上げたいことがあります。歴史問題以外の領域、すなわち経済、文化、人的交流、最近では安全保障での日韓交流・協力は実はかなり進んでいます。残念ながら、こうした前向きな部分はあまりフォーカスされていません。日韓関係は多重的かつ多層的で、歴史問題は重要だけれども、その中の一部です。それ以外の領域にも目を向けて、日韓関係を育てていく努力はすべきだと思います。

三点目に、「安倍談話」へは二つのことを期待しています。

第一は、国際社会から歓迎されるメッセージを発信することです。韓国、中国との関係は重要ですし、両国から歓迎される談話を出せればいいとは思います。とはいえ、安倍総理のアジア・アフリカ会議（バンドン会議）六〇周年記念首脳会議での演説、アメリカ連邦議会の上下両院合同会議での演説、あるいは「二一世紀構想懇談会」の議論等から推察される談話の内容については、韓国から高い評価を得るのは難しいと思います。しかしながら、過去の日本の歩みをふまえた上で、今後日本は国際社会にどう貢献していくのかというメッセージを力強く打ち出し、国際社会から高く評価されれば、条件はひとつクリアされると思います。

第二に、韓国との関係についてですが、これまでの日韓関係の歩みは日韓でともにつくり上げてきたものだということを、韓国側、韓国国民に対して粘り強く知らせていくことが必要だと思います。その意味では、二〇一四年六月に公表された「河野談話」の検証結果に関する報告書において、一九九〇年代以降これまで、歴史問題、従軍慰安婦問題に対して日韓政府がともに真摯に取り組んできたことが改めて明らかになったわけです。報告書に対しては韓国側から強い反発がありました。また、朴槿恵大統領は「まず日本側が誠意を見せるべき」という態度をとり続けています。しかし、日本側が誠意を見せた際に韓国側はどういう取り組みをし、それによって日韓両政府がどういうかたちで歴史問題、とりわけ慰安婦問題を落着させることができるのか、ということについて、もっと日韓はともに真摯なかたちで議論すべきだと思っています。

渡部　今ご指摘の、韓国側の対応があってこその日韓関係、というのは重要な要素です。二〇一五年三月、ドイツのメルケル首相が東京で講演した時、ドイツが隣国フランスと和解できたことについて、「フランスの寛容な振る舞いがなければ可能ではなかった」と発言されました。深い言葉です。

アメリカと日本は、和解が必要な部分はあまりない。ただ、日本が周辺国と和解できない国であれば、アメリカにとってアジアの同盟国としての日本の価値は低下する。そういう意味で、日米関係をよくしていく上で周辺国との和解に向けて努力することは重要。同時に、国際秩序、規範を守る、という共通価値と利益の共有も重要です。

日本はそもそも国際社会で何をしたいのか、どのような国際秩序をつくりたいのかを明らかにし、それを反映させる政策をとる必要がある。そういう意味で私は安倍総理の掲げる積極的平和主義には、好感をもっています。日本が積極的に地域の安定に貢献するためにこれまでの法的な制約を緩めようとしている事実は、日本という国家がもう一歩、成熟した国家に近づくために必要なステップだと思う。残念ながら、国民向けの説明がうまくいっていないところはありますが……。「安倍談話」はそうした政策と矛盾のないものでなければいけない。独善的に過去を否定する後ろ向きなものはやめたほうがいい。同時に内向き姿勢もやめたほうがいい。今の安保法制をめぐる議論を見ていると、反対派は内向きです。外向きに貢献することを怖がっている。「安倍談話」には今まで日本は国際社会にどれだけ貢献してきたのか、そしてまたこれからも努力してより大きな貢献をしていくということを入れればいいいと思います。

細谷　卑近な例で恐縮ですが、私が担当するゼミでも時には人間関係が難しくなることがあります。どうしても自分のやっている努力が大きく見える。相手の努力は見えない。ですので、私がよくいうのは、自分の努力を半分にして考えるようにして、相手の努力を二倍にして考えるようにすると、実際の大きさに近くなるのではないか、ということです。二倍謙虚になり、相手に対しては二倍寛容になる。そうすれば自分を過剰に高く評価するということが修正されて、適切な評価になるのではないか。韓国、中国、アメリカを批判するのは簡単ですが、そうではなくて、まずは自らのおこなっていることを謙虚に見つめ直すことによって、さまざまなヒントが見えてくるのでしょう。

本章は二〇一五年七月六日に開催されたフォーラムの内容を東京財団が編集・構成し、ホームページで公開したものに加筆訂正したものである。

第六章　東アジアの歴史認識と国際関係——安倍談話を振り返って

細谷雄一・川島　真・西野純也・渡部恒雄

第五章は安倍談話の発表以前の二〇一五年七月におこなわれた座談会をもとに加筆修正された論考であった。本章は安倍談話（二〇一五年八月一四日）の発表後、この談話により、国内外でどのような反応がみられ、影響があったのか、改めて安倍談話の意味を検証するとともに、東アジアの歴史認識と国際関係について、中国・韓国・米国・欧州の専門家が考察する。

一　安倍談話とは何だったのか

1　安倍談話をどのようにとらえるか

安倍談話を各新聞はどのように報道したのか

細谷　はじめに、二〇一五年八月一四日に発表された安倍晋三総理による内閣総理大臣談話（安倍談話）を全国紙が社説でどのように取り上げていたのかを確認しましょう。全国紙の中で、もっとも好意的であったのが、『読売新聞』でした。その社説の見出しは「反省とおわびの気持ちを示した」、となっており、本文の冒頭で「先の大戦への反省を踏まえつつ、新たな日本の針路を明確に示したと前向きに評価できよう」と書かれていました。

続いて、比較的好意的だったのが『日本経済新聞』です。社説の見出しは、「七〇年談話を踏まえ、何をするかだ」となっており、記事の本文中では談話をおおむね常識的に落ち着いた内容だと評価しています。『日本経済新聞』で興味深いのが、安倍談話の内容がむしろ村山談話よりよいと評価していたことです。村山談話が「遠くない過去の一時期、国策を誤り」と記しながら、それが具体的に何を指しているのか明らかではなかったのに対して、安倍談話ではむしろ「何を反省すべきかをはっきりさせたのはよいことだ」と書かれています。いわば、安倍談話が、村山談話よりも長文で、より具体的な内容となっていることを評価しているといえます。社説の最後に書いてあった部分が、国民の一般的な感覚に比較的近いと思うのです。すなわち、「首相は日本という国を代表する立場にある。国民の多数の意見を幅広くくみ取って政権運営に努めねばならない」という部分です。村山談話が、歴史認識をめぐる左右の分裂をもたらしたとすれば、安倍談話がそれを収束させて、「国民の多数の意見」を表しているとすれば、それは肯定的な評価が可能でしょう。

安倍談話に対してもっとも批判的だったのが、『朝日新聞』です。『朝日新聞』の社説での談話への批判は、他紙と比べて突出したものであったように思えます。他方で、『朝日新聞』で非常に興味深いのが読者の「声」欄です。安保法制のときは、社説も「声」欄も総動員して、安保法制批判一色でしたが、この安倍談話に際しては、「声」欄はむしろ安倍談話に好意的な読者の声が掲載されていました。

安倍談話に対して、抑制的でありながらもやや批判的なのが『産経新聞』と『毎日新聞』でした。特徴的なのは、『朝日新聞』、『産経新聞』、『毎日新聞』の三紙ともいずれも、談話においてもっと色濃くイデオロギーを出すことを求めていることです。つまり、『産経新聞』は、保守的な立場から、「謝罪を強いられ続ける、謝罪外交をやめよう」と論じて、また「もっと安倍総理のイデオロギーを出すべきだ」という主張をしています。いわば、安倍談話はそのような保守的なイデオロギーが不十分であったと、不満を抱いているのかもしれません。他方で、『朝日新聞』と『毎日新聞』は、歴史認識ではもっとリベラルなイデオロギーを出すべきだと主張しています。

また、安倍談話を肯定的に取り上げた『読売新聞』や『日本経済新聞』では、「周辺国との関連、近隣諸国との関連の改善の手掛かりとなる」と論じて、この談話が二国間関係の改善に役に立つと考えています。

さて、安倍談話に対して、それぞれのご専門の中国・韓国・米国ではどういう反応があったのか、あるいは、さらに加えて、安倍談話がどういう意味を持ったのかということを、川島先生・西野先生・渡部先生から順番にお話しいただけますでしょうか。

四つの要素とキーワード（植民地支配・侵略・痛切な反省・おわび）

川島　安倍談話の発表前の雰囲気を思い出してみると、もともと日本政府に対しても、安倍総理に対しても、歴史修正主義だという決めつけはかなり強かったのです。それが、安倍総理の米国連邦議会上下両院合同会会議（二〇一五年四月）で演説した直後から、その歴史修正主義だという評価が変化したようです。中国や韓国は必ずしもその評価を変えなかったと思いますが、少なくとも欧米、特に米国で、「安倍総理は（総理として）歴史修正主義者」と断言する人は減少したと思います。

二〇一五年という戦後七〇周年の歴史イヤーは、安倍談話の発表、旧日本軍の（従軍）慰安婦問題での日韓合意などを見ると、日本政府・安倍政権は少なくとも欧米からの強い批判を避けながら、大きな失点がなく終わったと私は思っています。

安倍談話の示した歴史観の一番大きな特徴は、一九三一年の満洲事変前後を、歴史の転換点にしたことです。村山談話や小泉談話は、戦前全体を否定するように読めなくもない。それに対して、一九三一年の満洲事変を歴史の転換の一つの目安とした、これはとても大きなことです。もちろん、これだと植民地主義を肯定するようにも読めてしまい、この点に韓国は反発するし、納得しない方も多いと思います。日中関係からしても、一九三一年も大きいのですが、一九一五年も大きいと言えます。

また、なぜ一九三一年を転換点にしたのでしょう、この点については、私もメンバーであった「二

○世紀を振り返り二一世紀の世界秩序と日本の役割を構想するための有識者懇談会」（「二一世紀構想懇談会」）で議論がありましたが、専門家の感覚の下でのある種の公約数の一つであると思います。その歴史観を示すことによって、国内・国外における、歴史におけるさまざまなあつれきや分岐を、むろん反論はありえますが、一定程度オブラートに包むことができたのではないかと思います。

安倍談話自体は四つの要素から、構成されていると私は思っています。①もちろんベースは村山・小泉談話で、村山・小泉談話の言葉をずいぶん使用しています。両談話を底本とし、②安倍総理がこの一年でおこなった演説の内容を、盛りこみ、矛盾がないようにし、そして③「二一世紀構想懇談会」の提言を組み込んだ上に、さらに、④新しい内容を詰め込んだのです。新しい内容としては、例えば「謝罪を子々孫々で受け継がない」といったような文言など、公明党や自民党内の意見を勘案して盛り込んだのが安倍談話だろうと思います。

社会的に注目された四つのキーワードが（「植民地支配」「侵略」「痛切な反省」「おわび」）、にわかに注目されるようになったのは、メディアによるアジェンダ・セッティングによります。安倍談話は、必ずしも歴史の検証に重点を置いていたものでなく、むしろ戦後や未来に重点がありました。しかし、メディアが「通信簿」の評価基軸としてこれらのキーワードを指定したために注目されました。また、このキーワードがさらに注目されたのは、安倍談話の発表が国会会期中となり、安保法制の審議と絡まってしまったためです。そのために、この談話の内容についても政治的考慮がいっそう必要になり、世論やメディアのキーワードへの反応を踏まえて、おそらく当初考えられていた以上に慎重に言葉選びがなされたのではないでしょうか。

中国も、日本全体の雰囲気を反映して、「日本のメディアの反応というものを中国政府は重視している」、「日本のメディアが大きく批判するようなものを中国政府は評価することはできません」ということを伝えてきました。それから、二〇一五年七月前後の安保法制の審議の中で出てきた、南シナ海が安保法制の適用範囲に入るということにも、中国側はずいぶん敏感に反応していました。ただ、結果的に見れば、日本のメディアの多くは、談話について肯定的な評価をしました。これでは中国からみても、あまり日本を厳しく批判できない。実際、中国からの抗議は原則論にとどまり、メディアの宣伝はあったものの、総じて談話を真っ向から否定するものではなくなったのです。日中関係で付け加えますと、温家宝元総理が日本の国会で二〇〇七年四月に演説したとき、村山・小泉談話を肯定的に評価をしています。ただ、まだ、中国政府は安倍談話については公的に評価をしていません。これからの安倍談話が中国の、あるいは日中間の公的な文書でどのように評価されていくのかが注目されます。また、一九九八年の日中共同宣言には、「日本側は、一九七二年の日中共同声明及び一九九五年八月一五日の内閣総理大臣談話を遵守し、過去の一時期の中国への侵略によって中国国民に多大な災難と損害を与えた責任を痛感し、これに対し深い反省を表明した。中国側は、日本側が歴史の教訓に学び、平和発展の道を堅持することを希望する。双方は、この基礎の上に長きにわたる友好関係を発展させる」と書いてあるのです。「一九九五年八月一五日の内閣総理大臣談話」というのは、いわゆる村山談話です。日中双方ですでに村山談話を基礎にした関係発展についての合意はできています。この点は留意していいと思っています。こうした日中関係の公的文書や指導者の指摘の中に、すでに位置付けられた村山談話・小泉談話に加えて、この安倍談話がどう位置付けられるかということも、今後の日中関係では重要だと思います。

国内政治と国際関係

西野　朝鮮半島・韓国を専門とする立場からみますと、安倍総理が談話を発表することに対する警戒感は、韓国では非常に強かったと思います。

個人的には、安倍談話は比較的バランスが取れていた談話だと考えます。その理由は幾つかあります。まず、国内政治と国際関係の二つが大きく影響したことです。国内政治については、川島先生が指摘されたように、国会審議の最終段階であった安保法制との関係が非常に大きかったのではないでしょうか。また、細谷先生が指摘されたように、歴史認識をめぐる国内のイデオロギー的な対立が作用した結果、バランスが取れた談話になったのだと思います。それに加えて、何よりも二一世紀構想懇談会の報告書の内容がかなり色濃く反映されたことが大きかったと思います。もし、安倍首相の意思をそのまま強く反映していたならば、もう少し保守的な談話になったのではないでしょうか。

国際関係については、安倍首相の海外での演説がとても重要でした。たとえば、二〇一五年の四月のバンドン会議での演説、そして最も重要だったのは米国での連邦議会での演説です。これらの演説は、日米関係やアジアとの関係というものを考えて作られたものです。こういった演説の内容が談話に適切に反映されたこともあり、結果的に国際関係と国内政治の二つが、談話を作成する上で重要な力として作用したといえます。

安倍談話の歴史観は、日本人の一般的な感覚からすれば、それなりに常識的でまっとうなものが示されたといえるでしょう。しかし韓国から見れば、その歴史観は受け入れがたいものがあります。一九三一年の満洲事変までは、日本も当時の世界の大国の一つとして国際社会でそれなりの役割を果していた、しかし満洲事変を契機として誤った道を進んでいった、というような歴史観は受け入れられないのです。

さらに、安倍談話では日露戦争について、「植民地支配のもとにあった、多くのアジアやアフリカの人々を勇気づけました」と書かれています。これは韓国の歴史認識とはまったく正反対です。韓国から見れば、日露戦争は、日本による韓国の植民地化を考える上では重要な出来事です。日露戦争は、日本が帝国主義への道を大きく踏み出し、朝鮮半島支配を強めていく上で極めて重要な出来事であり、その最大の被害者が韓国である、と韓国は認識しています。したがって、安倍談話で示された歴史観は、「到底受け入れがたい」というのが、韓国の人たちの率直な感想ではないかと思います。

ただ、安倍談話を読むと、日韓関係が難しい状況の中で、安倍談話発表後の関係改善を見越していた部分があったと言えます。それは、戦時の女性の人権の問題について二ヶ所言及された部分です。これは、韓国に対するメッセージだったと私は考えています。

興味深いのは、安倍談話が発表された翌日、八月一五日に韓国の朴槿恵大統領が、光復節の演説

（韓国の大統領としては最も重要な演説のひとつ）で、安倍談話を前向きに評価したことです。演説の中では、「安倍首相の戦後七〇年談話は、われわれとしては残念な部分が少なくなかったのは事実」というように、残念であると表明はしましたが、その次に、「謝罪と反省を根幹とした歴代内閣の立場は今後も揺るぎないということを国際社会にはっきりと明らかにした点に注目します」と朴大統領は述べました。

これは、「歴代内閣の立場を揺るぎなく引き継ぐ」というところに着目をして、その部分を「注目します」という言葉ではありますが、基本的には安倍談話を肯定的かつ前向きに評価したのだと思っています。ここからうかがえるのは、朴大統領あるいは韓国政府は、安倍談話の発表後には、日韓関係を改善したいとの気持ちがあったということ、そして、安倍談話もそれを念頭に置いたものであったということです。この点を私は評価したいと思います。

細かい話ですが、実は、朴大統領は八月一〇日の青瓦台の会議で、「安倍談話が果たしてどういうものになるのか、歴代内閣の立場を引き継ぐようなものになるかどうか注目している」と指摘しました。安倍首相は、結果的に朴大統領の指摘に応える形で談話を発表しました。いわゆる四つのキーワードに加え、「歴代内閣の立場は今後も揺るぎない」と述べたわけですから、深読みし過ぎかもしれませんが、日韓のあいだではそれなりのあうんの呼吸のようなものがあったのかなと思います。

韓国政府からすれば、二〇一五年の韓国外交を展開する上で、安倍談話をやはり非常に重要なポイントとして注目していました。韓国の立場から見れば、安倍談話は玉虫色であったがゆえに、韓国としてもある程度評価しやすくなった、その結果、日韓関係が改善につながっていく流れをつくることができた。したがって、二〇一五年に日韓関係を転換するという観点から見れば、安倍談話は玉虫色ではありましたが、それがむしろポジティブに作用した面があると考えています。

また、安倍談話の「私たちの子や孫、そしてその先の世代の子どもたちに、謝罪を続ける宿命を背負わせてはなりません」という言葉は、実は、安倍総理が日韓合意（二〇一五年一二月二八日）後にも述べていたのですが、渡部先生が指摘された通り、「安倍カラー」がかなり強く出た部分だと思います。韓国でも、この部分にかなり注目して報道されていました。いわゆる「ゴールポストを動かす」論と密接に結び付けて解釈されたからです。要するに、「韓国はゴールポストを何度も動かすけれども、それではいけない、これで終わりにしなければいけない」ということです。「いつまで後々の世代にまで謝罪を続けさせるつもりなのか」という安倍首相のメッセージだと読むことも可能です。あまり深読みするのは正しい読み方ではないと思うのですが、韓国ではそういう見方がされています。さらにあえて深読みすれば、そのパラグラフの、前のパラグラフには、「寛容の心によって、日本は、戦後、国際社会に復帰することができました。戦後七〇年のこの機にあたり、我が国は、和解のために力を尽くしてくださった、すべての国々、すべての方々に、心からの感謝の気持ちを表したいと思います」と書いてあります。これはうがった見方をすると、「果たして韓国はどうなのですか」と問うている、と深読みすることも可能なのです。裏返せば、「日韓関係においても、韓国がそういう寛容の心を発揮してくれることを心から期待します」という暗黙のメッセージにも受け取れなくもないのです。一九九八年一〇月の日韓共同宣言では、小渕恵三元総理が「痛切な反省と心からのお詫び」を述べ、金大中大統領はこの歴史認識の表明を評価し、あわせて戦後の日本の歩みをも高く評価したわけです。安倍談話には、「日韓共同宣言の精神に戻ろう」という思いが込められていたかもしれないと思います。

米国は安倍談話をどう見たのか

細谷　西野先生がおっしゃった国内政治と国際関係という二つの定義は、おそらく今日の座談会で、非常に重要なテーマだと思います。二〇一五年に安倍談話が発表された年というだけではなくて、おそらく東アジアの国際関係の転換の年として記憶される年になるのではないかと私は感じています。

東アジアの国際関係を考える上で重要なのは米国です。日韓関係と日中関係も米国の存在が大きいと思っています。オバマ政権の東アジアにおける外交政策はある程度うまく機能したところもあったと思います。安倍政権も米国をかなり意識して、安倍談話を発表しました。そこで渡部先生には、米国の東アジア政策を含め、安倍談話の米国の反応なども含めてお話いただけますか。

渡部　米国のメディアの安倍談話についての反応からお話させていただきます。それは、安倍政権の歴史認識に関しては、米国のメディアの左と右と両方から非常に批判があったからです。左の「ニューヨーク・タイムズ」、右の「ウォール・ストリート・ジャーナル」、その両方からずっと安倍政権の歴史認識は批判されてきました。「ニューヨーク・タイムズ」からの批判は、イデオロギー的な批判というか、リベラルな理念に沿っていないという批判が主だったのです。これは、『朝日新聞』や『毎日新聞』と似ています。それに対して、「ウォール・ストリート・ジャーナル」からの批判は、日本の『産経新聞』のような保守からのイデオロギー批判ではなくて、リアリスト的観点からの批判でした。つまり、日本が米国の同盟国・韓国と、歴史認識で和解していないのは、米国の国益である地域の安定維持に沿わないという批判です。まず、そのような米国の安倍首相への批判的な見方への転換点になったのは、すでに、皆さん触れられていますが、連邦議会上下両院合同会議の演説ですね。ここで安倍首相が日米の過去の和解を演出することで、少なくも日米の過去については、歴史修正主義者という疑念を払拭したということです。後で議論になると思いますが、言い換えれば、安倍首相はサンフランシスコ講和体制を見直す気はない、ということを再確認したともいえます。

また、米国国内で日本の歴史認識問題として重要視されているのは、従軍慰安婦の問題です。なぜ重要なのかといいますと、それは米国の民主主義を構成する基本的な価値観である、女性の人権を守るという世論に批判者が訴えかけることによって、注目を浴びているからです。リベラルな「ニューヨーク・タイムズ」が非常に関心を持つのも当然です。ですから、安倍談話が発表される前の米国のリベラル系のメディアは日本に、とくに安倍政権に厳しかった。そして、米国の保守系メディアも人権の尊重という価値観は共有している上に、米国の安全保障の国益上、北朝鮮や中国に対抗する上で日韓関係の改善を強く希望しているため、日本には厳しかった。この米国の左右両翼からの要請は安倍政権そして、自民党に影響を与えたのは間違いないとおもいます。

それが、安倍首相の米国議会での演説の内容にも反映し、その演説によって、米国の否定的な見方が大きく改善されるのです。この演説は、第二次世界大戦後の日米の和解を強調しました。特に硫黄島守備隊の総司令官・栗林忠道氏の孫の新藤義孝衆議院議員と、硫黄島で戦った退役軍人を招待して日米の和解を演出しました。このときは、おそらく韓国と韓国系米国人にはかなり不満があったと思います。韓国系米国人を支持者に多く抱える米国下院のエド・ロイス外交委員長は、安倍首相の議会演説の当日は親族の葬儀で欠席したのですが、その後、演説にはアジアとの和解が入っていないという批判のステートメントを発表しています。その中で、特に従軍慰安婦に関しての謝罪の文言がないことを強調していました。安倍首相の演説をよく読むと、従軍慰安婦に関してはあまり触れていません。そのかわり、日米首脳会談後のオバマ大統領との共同記者会見において、安倍首相は、従軍慰安婦に関してはかなり踏み込んだ反省的なコメントをしています。ここでバランスを取ったのだと思います。韓国系米国人に近いロイス委員長は厳しい反応を見せましたが、おそらく安倍首相の記者会見も聞いているリベラル系のメディアは、それほど厳しく反応せず、むしろ比較的、好意的な記事を掲載しました。また、米国連邦議会での演説の成功が、韓国国内にも影響して、韓国の朴政権の外交姿勢に対しても、あまり日本を叩きすぎると米国との乖離をもたらすというような認識をもたらし、よい影響を与えたと思います。おそらく中国もこの点はよく認識していたかと思います。おそらく、ここでの日米での歴史認識での和解というワンステップがあり、戦後七〇周年の安倍談話への好意的な反応の布石になっているのだと思います。安倍談話への米国の反応で興味深かったのが、「ニューヨーク・タイムズ」紙の反応です。このリベラル系の新聞は、それまで安倍首相のことを書く際には、必ず、枕詞のように"outspoken nationalist"（遠慮なくものをいうナショナリスト）という言葉をつけるほどの反安倍色の強い新聞なのですが、今回は社説が談話について、まったくコメントをしなかったのです。理由はわかりませんが、肯定的に評価するほどのものではないが、批判をするほどのものではない、と判断したのかもしれません。これは安倍談話が米国では肯定的に受け入れられたことの証左だと思います。それがわかるのが、同じリベラル系の「ワシントン・ポスト」紙の社説の評価です。その内容は、極端に否定的ではなく、比較的肯定的なものでした。社説は、安倍談話について、「我が国は、先の大戦におけるおこないについて、繰り返し、痛切な反省と心からのお詫びの気持ちを表明してきました…。こうした歴代内閣の立場は、今後も、揺るぎないものであります」といっているわりには、「安倍首相の言葉による謝罪が入っていないのは悲しい」と指摘します。談話の中の「あの戦争には何ら関わりのない、私たちの子供や孫、そしてその先の世代の子どもたちに、謝罪を続ける宿命を背負わせてはなりません」という安倍首相らしい保守的な部分にも引っ掛かっているのでしょう。しかし、「安倍首相は、アジアの近隣の『何の罪もない人々に、計り知れない損害と苦痛を、我が国が与えた事実』を認めており、全体としてみれば、今回の談話は彼の歴史観に批判的な人たちが事前に懸念したよりも、はるかに融和的で、ナショナリズムが弱いものだ」という評価を下しています。

「ワシントン・ポスト」の政治的立ち位置はリベラルですが、安倍政権に対してはアジアの国際関係のリアリズムの中で冷静に観察しております。そもそもこの社説は、中国が日本の歴史認識を批判する一方で、文化大革命による犠牲者などの自分たちの過去には向き合ってこないというダブルスタンダードにも触れ、国家がみずからの否定的な過去に向き合う難しさも指摘しております。そして、日本が憲法解釈を変えて、アジアの安全保障により積極的に協力することを社説は支持すると強調し、だからこそ、日本は近隣の不必要な懸念を起こさないように、戦前の歴史を書き換えないようにすることが重要だと述べております。これはオバマ政権の考え方にも近く、アジア情勢をよく知っているワシントンのコンセンサスの反映でもあり、今回の談話はそれらの立場からはかなり良い評価を得たと考えていいと思います。

付け加えますと、米国のアジア専門家たちの指摘を見ると、安倍政権に批判的な人ほど、今回の談話に関しては一定の評価をしています。彼らは、直接、安倍政権の歴史認識に関して憤りを持つよりは、それによって日韓関係や日中関係を悪化させて、むしろ米国のアジアでの影響力が弱まることを恐れるという人たちです。今回の談話はそれらの懸念を払拭したということが重要です。その後、米国のメディアを継続して見ておりますが、談話の発表後、中国や韓国との関係改善が進み、特に韓国との関係改善があったこともあり、安倍首相の歴史認識姿勢への批判や懸念の声は収束しており、よほどのことがない限りは、それがぶり返すことはないだろうという段階まできたと見ています。

二　歴代首相談話と安倍談話の違いは何か

細谷　二つの首相談話、すなわち村山談話と安倍談話の違いは何なのかということも、理解することがとても重要な問題です。

先ほど『朝日新聞』の社説を紹介しましたが、基本的には『朝日新聞』、そして村山元総理ご自身は、安倍談話よりも村山談話のほうがはるかにいい内容だと認識しており、それを前提に、何のために安倍談話を発表したのかという批判をしていました。他方で、現代の国際環境の中で、日中関係や日韓関係を改善して、さらに米国との関係も好転させるためには、ただ単に村山談話を肯定しただけではおそらく十分ではないと思います。というのも、安倍総理は二〇一五年の年頭記者会見ですでに明確に、村山談話をはじめとした歴代の内閣の政権の立場を引き継ぐと指摘しています。ですので、村山談話を継承すると述べただけでは意味がなく、現代の国際関係を考慮に入れてプラスアルファの言葉を含めることが不可欠だったのだと思います。

村山談話との安倍談話の連続性や関係性、そして、評価の違いを適切に理解することは、実は難しいのだろうと思います。というのも、安倍総理自身がこれまで村山談話には批判的だったからです。村山談話を今から振り返ってみて、あるいは村山談話と安倍談話の連続性や、あるいは違いから、どういうことがいえるのかということを、一言ずつお願いします。

1　安倍談話は歴代首相談話を継承したか

川島　村山・小泉談話以外にも、首相談話には、宮澤首相談話、あるいは日韓の間での菅談話など、いろいろあります。今回、安倍総理が内閣総理大臣談話というスタイルにしたことは、明らかにこれまでの談話を継承したものだと思います。以前に、首相の意思が反映しやすい「内閣総理大臣『の』談話」にするという話もありましたが、結局は内閣総理大臣談話という形式を取りました。また安倍談話でも「歴代内閣の立場は、今後も、揺るぎないものであります。」とはっきりいっておりまして、これまでの談話を継承するかたちになっています。そして、実際、明らかにひな型として村山・小泉談話が用いられています。そういう意味で大枠は談話を引き継いでいると思います。

ただ、これまでの談話と比べて、四つの違いがあると思います。それが安倍談話の特徴だと思いますが。一つ目は、大きな歴史観を提示したことです。従来の談話は、日本が戦後になって生まれ変わった、つまり戦前と戦後に近現代史を分けて、戦後部分を肯定するというスタイルでした。それに対して安倍談話は、戦前の部分について、やはり一九三一年あるいは一九二〇年代末ぐらいからの日本が道を誤ったとしました。つまり、明治以来の近代日本を考えると、一九二〇年代末から満洲事変の時期までは、そこまで大きく道を踏み外していないという歴史観を示しました。これは明治期から植民地をもった点、他国を侵略した点で、韓国や近隣諸国からは批判を受けるでしょう。ただ、これまでの談話とは大きな違いだろうと思われます。

また、二つ目ですが、安倍談話には、昨今の国際情勢や安倍政権の安全保障政策が大きく反映されていることです。特に安倍談話の最後のほうで、「国際秩序への挑戦者となってしまった過去」、つまり近代日本は国際秩序に同調、あるいはその中の貢献者であったはずが、ある時期に挑戦者となってしまったことを反省し、戦後は挑戦者にならずに貢献者になったことを強調しています。これはとても大きな論点です。これは当然ながら、昨今の国際情勢の大きな変化を念頭において、日本は既存の国際的な秩序を重要視していることと主張し、「日本はけっして挑戦者になりません」と歴史的に説明しているようでもあります。これは同時に、挑戦者になるかもしれないような国や存在に対して批判をしていることにもなります。同時に、安倍談話の中には、例えば「経済のブロック化」という言葉が二回も出てきます。日本自身が自由貿易に裏打ちされた経済のルールを守っているということを非常に強くアピールしているのです。そして、これは当然、環太平洋戦略的経済連携協定（TPP）という、現政権にとっての政策課題を念頭においてのことだと思います。また、核や軍事の問題について、「いかなる紛争も、法の支配を尊重し、力の行使ではなく、平和的・外交的に解決すべきである。この原則を、これからも堅く守り…」という文言もまた現政権にとっての施策課題である安保法制を視野に入れているわけです。これらの点で、安倍談話は、これからの日本も戦後以来の歩みをけっして変えないということを、安保法制やTPPという現政権の政策課題を念頭に置きつつ述べているように読めます。これらの点は、村山談話にはなかった点であると思います。

三つ目は、継承点とも言える点、つまり「和解」に関してです。実は村山談話も「和解」という言葉を使っているのですが、安倍談話は、先ほどの議論にあった「あの戦争には何ら関わりのない、私たちの子や孫、そしてその先の世代の子どもたちに、謝罪を続ける宿命を背負わせてはなりません。」としています。しばしば、内外のメディアでは、この部分だけを取り上げて、戦争を忘れていいと安倍談話が述べているとしたものがあります。しかし、それはこの言葉に続くフレーズを見れば違うとわかるでしょう。「しかし、それでもなお、私たち日本人は、世代を超えて、過去の歴史に真正面から向き合わなければなりません。謙虚な気持ちで、過去を受け継ぎ、未来へと引き渡す責任があります」という言葉です。これは和解へ向けての発想に基づいています。つまり、過去をきちんと受け止めて、それを語り継いでいくということと、周りの国々の人たちに感謝をするということ、そして安倍談話に多く盛り込まれた、周りの人びとの寛容に感謝する、ということです。これは和解の基本です。このように、安倍談話では、和解という言葉だけでなく、内容まで踏み込んで書かれているわけで、そのコンテキスト中で「謝罪という行為だけではない」といっています。和解をキーワードにし、その内容を談話の中心に据えてきた、ということが安倍談話の特徴です。

四つ目、これは心配な点です。村山談話についてですが、一九九五年の村山談話だけが有名ですが、九四年にも村山談話というものがあったことが知られていません。この九四年の村山談話に基づいた実際の和解への試みとして、平和友好交流事業が展開されました。ここにはかなりの予算が充当され、一定の成果をあげました。

二一世紀構想懇談会の提言書にも、この平和友好交流事業とも繋がるような提言が書いてあります。安倍政権が、長期政権になり、どのぐらい続くかは分かりませんが、国民レベル、市民レベルのさまざまな交流、和解の実際の試みに対する予算を、安倍政権がどのくらいバックアップしているのか、注視しなければならないと思います。

あと、五つ目としてあげるとすると言語があります。村山談話は日本語で発表し、そのあと、英文にもしましたが、日本語でという意識が強かったのです。今回の安倍談話は明らかに言語的な効果を意識しており、英語／韓国語／中国語バージョンもつくりました。特に韓国語、中国語バージョンの発表場所はソウルと北京の日本大使館でした。これは違う翻訳バージョンをつくらせない、そして、安倍談話の外国語の底本を日本がつくる、最後に外国の方々に理解してもらうという三つの要素をかなり強く出したものと思います。そういう意味では、パブリックディプロマシーを意識しており、村山談話から変化した点だと思っています。

細谷　安倍談話は非常に緻密に練られた文章であったということがわかりました。この緻密なロジックをしっかりと検証していくことが、重要だと思います。結果として、これが基礎となり日中関係や日韓関係が改善したことを考えれば、川島先生が指摘されたような緻密なロジックを中国政府も韓国政府も肯定的に受けたということが理解できると思います。次に西野先生にも同じ点をお聞きしたいのですが、いかがでしょうか。

2　アジア向けから国際社会全体に向けて

西野　川島先生が、安倍談話を読み解く非常に重要な指摘をなさいましたので、それに基づいて、幾つか話をさせていただきます。川島先生が、一番目に歴史観の違い、二番目に国際秩序の問題に触れました。この一番目と二番目を念頭におきながら、日韓関係という文脈に引き付けて考えてみると、安倍談話の歴代談話との違いは、オーディエンスが違う、つまり対象とする相手、聞き手が異なる、と思うのです。

安倍談話は、米国を中心とする国際社会全体を強く意識しているのに対して、村山談話や小泉談話は基本的にはアジア向けなのです。その結果、受け手、聞き手によって、談話に対する受け取り方や認識はだいぶ変わってくることになります。韓国との関係についていえば、安倍談話が示した、満洲事変以前の日本はそれなりに国際秩序には順応していたし秩序構築者であった、という歴代総理談話と異なる歴史認識は、韓国が認識する「日帝」つまり日本帝国主義という歴史観と真っ向から衝突することになりました。すなわち、従来から異なっていた日韓の歴史認識の違いがより際立つことになったのです。先ほどの日露戦争に対する評価の違いとも密接に結び付く部分です。

歴代総理談話との違いという点では、「積極的平和主義」も挙げることができます。小泉談話でも、国際社会への貢献は謳われていますが、やはり安倍政権のトレードマークである「積極的平和主義」

という言葉は、安倍首相が談話の中で強くいいたかった部分だと思います。

それから、川島先生が心配な点として指摘された部分は、実は私もまったく同感です。安倍談話をフォローアップする実質的な措置が取られるのかどうか。残念ながら、その後あまり具体的な措置が出てきていません。二一世紀構想懇談会の報告書の中では、川島先生が力を入れた部分だと思いますが、歴史教育、歴史共同研究、青少年交流事業などが重要だと指摘されています。韓国側にも、歴史共同研究をやりたいという考えがあります。日韓の二国間でやるのか、あるいは他の国の研究者も入れてより大きな国際共同研究としてやるのか、いろいろな方法があるかと思います。こういったフォローアップ措置・政策というものが出てきたほうが、私は、安倍談話というものが、より意味あるものになると考えています。

3　地域の秩序とバランスの重視

渡部　先ほど西野先生が指摘された「積極的平和主義」に関わる話なのですが、村山談話になくて安倍談話にあるのは、リアリズムだと思うのです。特に地域のバランス・地域の秩序というものを重要視しています。それが安倍談話に盛り込まれたのだと思うのです。具体的には「事変、侵略、戦争。いかなる武力の威嚇や行使も、国際紛争を解決する手段としては、もう二度と用いてはならない」というところです。これは日本だけではなく、すべての国家を対象としているというところが重要だと思います。結局、先ほど川島先生が指摘されたように、今の秩序に対する挑戦者は日本ではありません。むしろ、日本は米国の同盟国として、米国、およびその同盟国、協力国ともに秩序を守る側にいる。これが「積極的平和主義」の背景にある現在の国際社会の基本的な構造です。日本は、専守防衛の基本方針を維持しながらも、地域の安定のために前向きに協力する。例えば東南アジアへの能力構築支援や、地域の海洋安全保障の公共財の提供を、米国および地域の関係国と協力して遂行していくというのが積極的平和主義です。日本が今後のアジア太平洋地域の国際秩序に関してどのように関わっていくのかということを明確に文言に入れたのが、最大の違いではないでしょうか。

韓国が日本の「積極的平和主義」を容認していくのは国民感情から見れば、容易なことではないと思います。第一次世界大戦後、一九二〇年から日本は国際連盟の常任理事国として世界の秩序を維持する側におりましたが、その一〇年前の一九一〇年に日韓併合をおこないました。日韓併合は、当時の国際常識としては、国際秩序を維持する一つの方法として、他の国も認めていたことではありますが、現在のルールにおいては容認されるものではないし、当事者である韓国の方々には耐えられないことです。ですから特に韓国との関係の重要性を考えれば、日本の「積極的平和主義」との関わりの中で、歴史認識は慎重にしなければならないと思います。西野先生がご指摘した韓国側が謝罪を受け入れることの難しさと重要性に同感します。先日、ドイツのメルケル首相が来日して講演をした時に、「日本は近隣諸国との歴史認識をどう解決したらいいと思うか」という質問に対して、メルケル首相は、「ドイツが欧州の中で和解ができたのは、近隣の国がそれを受け入れてくれたから」と指摘されました。この指摘が示唆することは、韓国にとっては和解の受け入れは非常に難しいことだろうということです。おそらく韓国や中国は、ドイツの近隣への姿勢が、日本の謝罪や反省のモデルケースになるべきと考えてきたと思いますが、メルケル首相の指摘は、謝罪を受け入れる側の姿勢も大事であるという、和解の本質に迫り、かつ韓国にとっても容易ではない行為の必要性を指摘して、答えにならない答えを出したのです。謝罪を受け入れる側の韓国のほうが、謝罪する側の日本よりも、それに抵抗・反発する大きな国民感情という機微に触れる難しい問題を抱えていると思われるからです。

三　国際関係のなかで歴史認識をどう捉えていくのか

1　欧州から見る日本とアジアの歴史認識

細谷　渡部先生の先ほどの指摘は、非常に重要な点だと思います。一つは、先ほどから話題になっているフレーズ、「寛容の精神をもって国際社会は接してくれた」という文言についてです。これは、明らかにメルケル首相の二〇一五年三月の東京での演説をヒントにしたものです。今まで日本では、歴史に向き合ったドイツから学ぶべきだという論調が大きな流れでしたが、むしろメルケル首相は演説の中で、ドイツが歴史和解を実現できたのは、近隣国の寛容の精神のおかげだと指摘しました。もちろん同時にメルケル首相は、ドイツが歴史に誠実に向き合ってきたということも触れています。その両方が必要だとメルケル首相は指摘しており、日本でも歴史和解を考える際に、日本の一方的な努力だけでは不十分だという認識が広がってきました。

その意味で、メルケル首相が言及した歴史和解に必要な二つの条件、すなわち日本が誠実に歴史に向き合うことと、相手国の寛容の精神を示すことと、その双方が必要であることを安倍談話は示唆しています。その意味では、メルケル首相が三月に東京でおこなった演説は、期せずして安倍談話にも大きな影響を及ぼしたと考えています。それが、安倍総理は四月の米国議会での演説や、八月の安倍談話でも、米国やイギリス、オーストラリアなどの諸国の、和解へ向けた寛容の精神に感謝の姿勢を示しているのです。

欧州との関係で歴史和解を考える際に、三つの位相を総合的に観る必要があるのではないでしょうか。そして、その三つの大きく異なる位相の問題が、混同して論じられているということが、歴史認識問題を複雑にしているのです。すなわち、第一の問題が人権問題、第二の問題が戦争責任の問題、そして第三の問題が植民地の問題です。これら三つの中で、欧州の戦後史において最も重要なのは、人権問題です。

ドイツが戦後、何を謝罪して、何を反省したのか。それは戦争よりもまず先に、人権の問題、つまりホロコーストの歴史です。歴史上類を見ない人権侵害をしたホロコーストこそがドイツにとっての最も重たく最も難しい歴史問題であって、このホロコーストによって欧州に住む約九〇〇万人のユダヤ人のうちの約六〇〇万人を殺したといわれています。

ドイツにとっての歴史認識問題とはまず、イスラエルとの関係が重要で、さらにはアウシュビッツが所在するポーランドとの関係が重要なのです。そもそもドイツは「イスラエル」に侵略したわけでも、戦争をしたわけでもありません。もしドイツが戦争責任の問題で謝罪するとしたら、その相手は長期間戦争をしたイギリス、ソ連、さらには米国です。いわゆる連合国の戦勝三大国に対する謝罪が本来は重要ですが、より脚光を浴びているのがホロコースト問題でした。

実はドイツは戦争犯罪については、連合国の側の戦争犯罪を問うこともあります。例えば、イギリスも実際にはドレスデンで大規模な空爆をしてかなりの数の民間人の死者が出ています、約一三万人が亡くなったといわれています。東京大空襲は約三〇万人ですから、日本も同じような問題を抱えているつまり、ドイツは人権問題については真摯で誠実な謝罪を示してきて、同時に戦争や侵略、占領についても同じように責任を感じていますが、その二つでは重みが異なります。

他方で、植民地主義についてドイツは植民地をほとんど所有していないので、歴史認識問題で大きな位置を占めることがありません。もしも植民地について反省するのであれば、反省するのはむしろドイツではなくて、イギリスやフランスなのでしょう。しかしイギリスやフランスは戦勝国ですから、それについて反省や謝罪をする必然性がない。そういった点では、植民地主義の問題というのは、戦争中にも民族自決や反植民地主義の理念を掲げていた米国と、戦後にまで植民地を抱え、またそれを正当化して維持しようとしたイギリス・フランスでは大きく立場を異にするのです。したがって、大西洋憲章の第四項の帝国特恵関税制度の廃止をめぐり英米で対立が観られたように、実は植民地の独立の問題は連合国内でも難しい問題となっていて、敗戦国となった日本と戦後独立を果たした韓国との間の関係のようにはなかなか論じることができません。

ですから、普遍的な価値として植民地支配を悪としてとらえて、反省や謝罪を求める声は、そのようなイギリスやフランスの植民地支配の歴史を考慮に入れるならば、必ずしも国際社会で簡単に結論を導くことができるような問題ではないことが理解できると思います。それはいまだにイギリスやフランスでは、かなり深刻な国内問題にもなっており、左右のイデオロギー対立の源泉にもなっています。それはまさに、現在の欧州連合（EU）に流入する難民や移民の問題にも関連してくるのです。ですので、第一の人権問題や、第二の戦争責任と比べても、第三の植民地の問題ははるかにややこしく、複雑で、扱いが難しいのが国際社会の現状であろうと思います。

他方で韓国が女性の人権侵害として慰安婦を持ち出したのは、幅広い国際的な共感を生んでいます。また、一九三一年の満州事変以降の日本のアジアにおける侵略についても、これは国際連盟規約やパリ不戦条約に見られる戦争の違法化に逆行する行為として、日本が反省や謝罪をしなければならない問題とみなされています。ところが日露戦争に対してそれを、日本の朝鮮半島の植民地化の始まりであるという韓国で見られる厳しい批判は、実は欧州では必ずしも幅広い共感を生むことはないでしょう。というのも、この時代には欧州諸国も植民地拡大の戦争をおこなっていて、植民地支配を反省して謝罪する必要性を自明とは考えていないからです。他方で、日露戦争は日本がアジアを欧州支配から解放したという側面が指摘されることがあります。事実、この日露戦争での日本の勝利をトルコやアフリカでは賞賛する声が聴かれたといわれることがありますが、実はこれは欧州から批判が出てくる可能性があります。というのも、それをアジア主義の論理で自らの行動の正当化をおこなうならば、それは欧米諸国を人種主義的なアジアに対する敵として捉えることになってしまうからです。このような主張は、戦前のアジア主義的な論理に似ているので、非常に扱いが難しいのです。日本では、欧米とアジアと二元論的に文明を分けて考える傾向がありますが、アジアの植民地下にあった民族にとっては、日本も、米国も、欧州諸国も、自らを植民地支配するのであればそこに人種的、文明論的な違いはそれほど多くはありません。彼らにとっては、自らの独立こそが最も尊かったのです。

いま挙げた人権の問題と、戦争責任の問題、そして植民地の問題の中で、国際社会で一番難しい問題は、すでに述べたような理由からも植民地の問題です。ですから、日本と韓国の間で植民地支配の歴史的な評価をめぐって対立が見られますが、それは世界史的にも難しい問題であることを認識しなければなりません。三つの異なる位相を、それぞれ丁寧に扱っていくことが必要であり、また植民地の問題はそのなかでもおそらく一番扱いにくい、またもっとも対立が起こりやすい問題になっていくのだと考えています。

渡部先生は、村山政権にはリアリズムがなかったけれども、安倍政権にはリアリズムがあったと指摘されました。西野先生は「積極的平和主義」について、さらには安倍談話においてはそれぞれオーディエンスが異なる、ということを指摘されました。

京都大学の中西寛教授が『東亜』（霞山会）というアジア情勢に関する月刊誌の中で、安倍談話は欧米をオーディエンスとして想定しており、村山談話はアジアをオーディエンスとして想定しており、この両方がどちらも必要だということを書いておられました。とても重要な指摘だと思います。そういった意味では、村山談話と安倍談話では、そもそもその内容の性質が違いますし、またそのターゲットが違う、オーディエンスが違かったのでしょう。また、日本がアジアだけと和解していいわけではないし、あるいはアジアと和解しないで欧米だけと和解していいというわけでもない。両方とも必要ということは、その通りだと思います。

そのような意味で、今回の安倍談話がこれだけ注目された理由として、現代の国際関係において歴史認識の問題が重要な争点となっているという現実を理解しなければなりません。国際政治学者の高坂正堯先生は、その著書の『国際政治』（中公新書）の中で、「各国家は力の体系であり、利益の体系であり、そして価値の体系である」と書いています。さらには、次のようにも述べています。「国際社会にはいくつもの正義がある。だからそこで語られる正義は特定の正義でしかない。ある国が正しいと思うことは、他の国から見れば誤っているということは、けっしてまれではないのである。そこにも緊張と対立がおこる可能性がある。」このような視点を持つことが、歴史認識問題の難しさを理解する大きな鍵になると思います。

国家というのは価値の体系でもあるので、どのような価値を抱くかということがそのまま、国家のアイデンティティーと深く結び付いている。だとすれば、国家にとって歴史の問題というもの、あるいはどのような価値を掲げるのかという問題というのは、けっして軽視はできない重要な問題なのです。従来は、国際政治学においては、リアリズムのパラダイムで力と利益を中心に語られてきましたが、価値の問題もまた視野に入れなくてはならないのです。これは国際政治理論でも、コンストラクティビズムというかたちで、米国の国際政治学者のボストン大学教授のトーマス・バーガー教授や、コーネル大学教授のピーター・カッツェンスタイン教授が、規範の問題を重視して日本のアジア安全保障政策を論じています。すなわち戦争経験や、歴史認識や規範が、戦後の日本の安全保障政策と深く結び付いてきたのです。そういった意味では、最近の動きの中で、国際関係を考える上での歴史問題や歴史認識が重要であるのは、国際政治学の観点からも理解可能なことなのです。以上を含め、安倍談話以降の動きと今後の展望も含めてどのようなことがいえるのかということを、日中関係、日韓関係、そして日米関係の視座から聞かせていただければと思います。

2　中国が目指す価値の体系とは

川島　力の体系、利益の体系、価値の体系という、三つの方向性から中国を見ると、まさにこれを今中国がやろうとしているといえるわけです。力と利益はもう当たり前になっていて、価値の創出という意味では、中国自身がアジアのことを語り出すなど、中国的価値を主張し出しています。アジアの新安全保障とか、アジアの将来を中国が主導的につくっていくということを明確にいい出しました。

同時に、その中国がつくるアジアというものは、世界の既存の秩序に反しているわけでもないということを特に強調しています。一九三〇年九月三日の抗日戦争勝利七〇年中国軍事パレードは、そういう意味合いがあったわけです。このパレードは、もちろん一方では中国の力を示そうとしていたわけですが、それと同時に、中国が第二次世界大戦以来、世界の勝利者の側に立っていて、中国が世界秩序とともにあるということを強調したのです。もちろん、そこに中国の力の体系、利益の体系の論理も入っていますけども、最近は価値の体系も意識しているのです。中国はこれからもアジアの主導権を握るということと、世界の秩序の中の貢献者であるということの双方を強調し続けていくだろうと思われます。そこに歴史というものも動員され、グローバルな空間で、米国と中国ともに日本と戦った、ソ連、ロシアとは同盟であったという話を持ち出して大国間強調を唱えつつ、東アジア地域では歴史問題で日本を批判し、中国の優位性を強調しようとしているわけです。

二つ目は、だからこそ、歴史認識をめぐる問題が、依然としてグローバルに展開されていくという点です。ユネスコの世界遺産、「世界の記憶」（世界記憶遺産）の問題は、必ずしも二〇一五年だけに埋め込まれた問題ではなく、二〇〇〇年以前から南京などで育まれてきたプロジェクトが、次第に姿を現したものだといえます。今後も中国は、国際的な場でそうした「事実」づくりをけっしてやめないでしょう。ユネスコのような組織の制度を利用して、歴史の事実というものに対する国際的なお墨付きを得ていくという作業を続けるのです。今度は、おそらく「世界の記憶」を世界文化遺産などにランクアップさせることを想定して、現在、パリなどで活動をしているはずです。この流れは、二国間関係が落ち着いても、また日中韓において歴史認識問題が一定の解決を見たとしても、止まらないと思います。これは世界に向けておこなっていることですし、また中国国内での歴史教育や歴史をめぐる宣伝と符合するようにしているわけですから、何も対日外交だけがタグ付けされているわけではありません。国内の歴史教育や宣伝全般と関わる以上、それに反することはできないので、続けていくだろうと思います。

三つ目ですが、日中間の首脳レベルの関係は、野田佳彦政権のいわゆる尖閣国有化で途絶え、安倍政権になって一年目は首脳会談がなく、二〇一三年末に安倍総理が靖国参拝をおこなって関係が冷え込んだものの、二〇一四年の秋から首脳会談が続いています。日中関係は、もちろん困難があることは承知していますが、和解にむかう可能性は開かれています。それは、今回の安倍談話にもはっきり盛り込まれています。談話の「謝罪を続ける宿命を背負わせてはなりません」という文言の後に、「しかし、それでもなお、私たち日本人は、世代を超えて、過去の歴史に真正面から向き合わなければなりません。謙虚な気持ちで、過去を受け継ぎ、未来へと引き渡す責任があります」とあるわけです。これは中国が日本に常にいっている「歴史を鑑にして未来へ向かう」という言葉を書き下した内容になっています。この点をのりしろにして、日中間で折り合うことは一定程度できるかもしれません。しかし、二国間関係が改善しても、東アジア地域での、また世界的な空間での、歴史をめぐる問題について中国が消極的になるとは考えにくい面があります。なぜなら、中国にとって歴史認識問題は、政権の正当性や領土問題とセットとなってしまっているからです。重要なことは、日中間において歴史問題は、領土問題、あるいは中国の周辺外交などとセットになってしまっているからです。重要なことは、日中間において歴史問題は領土問題やナショナリズムと関わり、力と利益とも関わりながら、さらに中国が生み出す価値や正当性に関わる部分も非常におおきくなっていることです。本来は、力の体系と利益の体系が非常に大きくて、その従属の問題として、価値の体系があったのですが、最近、歴史の問題が出てきて、中国にとっても歴史と関連が深い価値に関する問題が大きくなり始めていて、もしかしたらそれが独立変数となりつつあるのかもしれません。そうした意味では、従来の力の体系と利益の体系だけならば日中二国間関係で折り合えたとしても、価値の部分が残され、日中関係においても、東アジア地域や世界政治と関わりながら、歴史をめぐる問題だけが大きくなる可能性もありえるということです。

3　日韓関係にとって今後の共通利益とは何か

西野　先ほどの細谷先生の、欧州の三つの異なる位相、人権問題・戦争責任の問題・植民地の問題の観点からいうと、韓国は基本的に植民地という問題に非常にこだわってきました。慰安婦問題は、人権の問題と密接に関わっていて、これを非常に強く打ち出すようになってきたというのが新しいかたちではないか思います。韓国は、慰安婦問題を戦時女性の人権問題というかたちで、国際社会に強く訴えるようになってきたのです。高坂先生のおっしゃった力と利益と価値の体系という観点からいうと、韓国はそもそも力という面では非力であるという自己認識が非常に強いですから、基本的には、経済発展というかたちで実益・実利をいかに追求していくのか、というのが韓国のこれまでの歩みだったと思います。しかし、ここ近年、人権との絡みで、価値の側面を国際社会に強く訴えるようになってきました。そのような状況において、韓国外交の中で慰安婦問題というのがこの三年間、重きを占めるイシューであり続けてきたのだと思います。ただ、二〇一五年一二月二八日に日韓合意がなされたので、これを踏まえて今後のことを考えなければなりません。

二〇一五年の日韓合意について、私なりの考えを述べておきたいと思います。三つほど重要なポイントがこの合意にはあったと思います。まず一つ目は、韓国側が長くこだわってきたのは、戦時人権の問題と密接に関わる「法的責任」の問題です。これについては、日本側がかなり韓国側に歩み寄ったのではないかと個人的には考えています。合意内容を見ると、安倍総理つまり日本国内閣総理大臣が主語になり、お詫びをし、「日本政府は責任を痛感している」といっているのですから、これは安倍政権がかなり歩み寄った部分ではないかと思います。二つ目は、「ゴールポストを動かす」論との関連で、「最終的かつ不可逆的に解決されることを確認する」との文言が入っていることです。「不可逆的」というのは、北朝鮮の核問題に対して使う言葉であって、日韓のような友好国同士で使う言葉ではない、と韓国側から強い反発が起こりました。しかし、安倍政権には強いこだわりがあったのではないでしょうか。最後に三つ目は、価値の問題と関わってくるところです。国際社会でもう告げ口外交や非難合戦はお互いにやめましょう、と合意したことです。これは非常に意味のあることで、高く評価したい部分です。日韓政府間では合意がなされたので、もうこれでいくという強い決意を互いが持っていると思います。政府間では、これを守り、今後の日韓関係に引き継ぎ、互いに利益を実現していくという観点から関係が構築されていくことになります。

ただし、「日韓にとって今後の共通利益は何か」というところは実は難しい問題が残っていると思います。短期的には、北朝鮮問題が非常に重要な日韓の共通課題であって、これに共に対処していく、協力していくというのが日韓関係にとって意味のあることでしょう。しかし、「それを越えた、中長期的な共通利益は何なのか」ということが日韓関係にとっての大きな課題です。中長期な共通利益について、可能性は大きく二つあると思います。一つは、東アジアにおける最も成熟した二つの民主主義国家として、共に協力し、地域の秩序をリードしていくことです。これについて協力できれば、理想的で望ましいと思います。現状では、日本は環太平洋パートナーシップ（TPP）、韓国はアジア・インフラ投資銀行（AIIB）という異なる地域経済秩序にコミットしています。韓国はTPPにも入りたいといっていますが、この分野での日韓協力は容易ではないようです。しかも安倍政権は、外交青書の記述で、韓国と価値を共有しているという部分を削除してしまいました。

もう二つは、米中関係を念頭に、日韓がいかに協力していけるかという問題です。韓国では、米中G2という考えが支配的ですが、日本は米中G2とは認識しておりません。つまり、日韓両国は、東アジアにおける米中関係に対して大きく異なる秩序感覚を有しているわけです。異なる秩序感覚を有する二つの民主主義国家が、東アジア地域の中で果たしてどのように協力していけるのか、これが今後の日韓関係の大きな課題です。慰安婦合意ができたことで、幸い短期的には日韓関係はうまくいくと思いますが、北朝鮮核実験やミサイル発射実験の現実を踏まえて考えると、より根本的な問題が依然として残されています。

4　安定した日米関係

渡部　米国は二〇一六年一一月に大統領選挙があり、政権交代期を迎えます。西野先生が指摘されたように、米中G2論を想起させてしまうような、米中相乗りに対する懸念は、常に日本にもありますし、米国の中からもオバマ政権批判として出てくるでしょう。ただし、オバマ政権は冷静にバランスを取り続けると思います。つまり、地球温暖化対策のように中国と協力できるものは協力し、妥協してはいけない案件、例えばサイバーセキュリティーや南シナ海の領有権などでは中国をけん制し続けるという両方のスタンスを取り続けていくのだろうと思います。日本としては、米国の両義的なスタンスは不安になりますので、積極的平和主義を掲げて、日本が地域でやれることは積極的に貢献することで、米国に対して、中国をけん制する活動と軍事的なプレゼンスを継続するように働きかけるのでしょう。安倍政権の安保法制は国内では評判があまりよくなかったので、二〇一六年夏の参議院前には、新法を踏まえた積極的な政策の遂行には慎重になっています。米国が期待しているところは、日本はすぐには踏み込めないかもしれません。ただ、そのあたりの政治的状況は米国も理解しています。結局、米国にとっても、喫緊の外交課題はシリア内戦の終結やイランとの核合意の履行で、そのためにはロシアと中国を全面的に敵に回したくはないという計算もあります。南シナ海やサイバーセキュリティー等で中国をけん制する一方で、イラン核合意やシリアの問題、あるいは気候変動枠組み条約第二一回締約国会議（COP21）での温暖化防止のためのパリ協定の履行については中国とは協力する。要するに、日本や韓国から見れば、米中両国は南シナ海やサイバー領域で敵対する一方で、一部では米中G2のような動きをしているという、心配な状況が続くのだろうと思います。

複雑な情勢の理由の一つに、現在の米国外交がアイデンティティー・クライシスともいうべき状況になっていることもあります。既存のエスタブリッシュメントに対する不満が、民主・共和の両党の支持者から出てきており、それらの人たちは、米国の国際的影響力が低下していることについてオバマ政権に批判的であると同時に、ブッシュのイラク戦争が引き起こしたグローバルな関与と介入の負の遺産を嫌うという両義的な気持ちを抱いています。現在の大統領選挙の予備選挙で、共和党のジェブ・ブッシュ候補の人気がでないのは、兄のジョージ・ブッシュ大統領がおこなったイラク開戦とその軍事・財政的な負担が、今の米国の影響力の低下につながっているという認識が根強くあるからだと思います。ヒラリー・クリントン候補が、民主党の予備選で予想外に苦戦しているのも、国務長官として遂行したオバマ外交が、その弱腰ゆえに世界への影響力を低下させているという批判もあるからでしょう。二〇一六年の米国大統領選挙を通して、国内では外交政策の方向をめぐって、かなり議論が揺れ動くと思います。ただし、米国国内の議論は揺れ動いたとしても、オバマ政権は、日米同盟を重要視し中国に対するけん制をおこなうことは止めずに、しかし、一方では中国と協力できるところは協力するでしょう。そのような米国の立場を考えると、日本は、アジア近隣との歴史認識の問題に関する懸念を払拭し、安保協力への期待と信頼も高まり、日米関係は安定を取り戻したとみていいでしょう。

四　戦後の国際秩序と今後の国際政治

細谷　今後を展望する場合に重要なのは、今回の議論の中でも出てきましたように、歴史認識問題をそれ自体で完結した問題として考えるのではなくて、あくまでも国際秩序の問題や、今後の日本の対外関係の問題とも不可分に結びついているということを、深く理解することです。国際情勢が変われば、歴史認識問題にも変化が生まれてくるでしょう。その逆もまた考えられます。

そもそも、現在の国際秩序にはいくつかの重要な欠落部分が存在しています。というのも、この国際秩序の骨格が冷戦体制のなかでの妥協からつくられてきたからです。この冷戦体制において、中国も韓国も分断国家でした。また、この両国は、サンフランシスコ講和会議にも参加しておらず、戦後のアジア太平洋秩序を形成する上で重要な役割を担うことができませんでした。敗戦国である日本、日本の植民地から独立した国家としてサンフランシスコ講和会議に参加できなかった韓国、そして戦後しばらくの間米国との緊張関係が続いて、日本や米国との外交関係を持つことができなかった中国と、いずれの国家も既存の国際秩序に不満を抱いています。

安倍総理がかつて、「戦後レジームからの脱却」という言葉を語って国際秩序の修正を求めていました。また中国は、AIIBをはじめとして、従来の欧米がつくった国際社会を大きく変えようとしている。そして、米国もまた、これまでのように米国自らがアジア太平洋地域の国際秩序を維持することに多大なリソースを用いることに抵抗を示すようになりました。

だとすれば、この地域の主要国のいずれもが何らかの不満を持っていて、いずれの主要国もが現在の国際秩序を変革しようとしているようにも見える。だから、現状維持の志向性と、現状変更の志向性が、同時並行で見られるのです。それでは、これからのこの地域の秩序を、どのような規範に基づいて、どのように維持していくのか、あるいは変更していくのか、それをサンフランシスコ講和体制と関連づけてお聞かせいただけないでしょうか？

1　中国が歴史をめぐって何をしようとしているのか

川島　まずサンフランシスコ講和体制についてです。確かにあれは冷戦下の産物ですが、日韓基本条約（一九六五年六月二二日）は、「千九百五十一年九月八日にサン・フランシスコ市で署名された日本国との平和条約の関係規定及び千九百四十八年十二月十二日に国際連合総会で採択された決議第百九十五号（Ⅲ）を想起し、この基本関係に関する条約を締結することに決定し」とあるようにサンフランシスコ講和条約を踏まえていました。一九五二年四月二八日の日華平和条約も同様です。日中共同声明（一九七二年九月二九日）についても、条文にサンフランシスコ講和条約への言及はないものの、基本的にサンフランシスコ講和条約を受け止めた内容になっています。日中間の四つの基本文書というのが堅持されている間は、つまり先ほど申し上げたように、一九九八年の日中共同宣言の中には、「日本側は、一九七二年の日中共同声明及び一九九五年八月一五日の内閣総理大臣談話を遵守し」と、はっきり述べられていますので、二国間関係では歴史に関するボトムラインは大きく変わらないと思われますし、保守政権とされる安倍政権による安倍談話で従来の談話も踏襲されたことで、いっそうブレの幅は小さくなったと思います。また、サンフランシスコ講和体制に限定すれば、今のところは、中国が大きくそれを変えようとしているというところまではいえないだろうと思います。あるとすれば、講和の意義や前提条件をめぐる解釈権を中国が握ろうとすることでしょう。

それから、細谷先生がおっしゃった国内政治と国際政治というのがとても重要というのはまさにその通りです。結局、中国自身が歴史をめぐって、何をするかですが、二国間関係とは異なる世界政治、地域政治の局面があって、それが二国間関係にも流入してくるかもしれないという危惧があります。日本としては、世界を見ながら、日中関係を位置づける必要があります。また、国内的な面では、中国政府は目下、歴史教育のみならず、歴史研究への統制をも強化する方向に向かっています。共産党一党独裁の中で、歴史観の解釈の幅を狭めるというか、多様な解釈を認めない方向にむかっているのです。国内での歴史教育あるいは歴史学で、国内では解釈の一元化を進めながら、国際的な場では、歴史をめぐる対外宣伝も強めています。日中間では、歴史認識問題を完全には悪化させないように、一応ボトムラインはつくってあるという状態です。この点は今後ともかなり微妙な政策調整が求められます。

長い文脈から見ると、国際的な秩序が大きく変わり、中国の位置が本当に大きく変われば、日中間のボトムラインに変更を中国は加えようとするでしょう。また、中国国内の中で民主化、あるいは言論の多元化がもっと進むと、日中間や世界に対する言い方も変わると思います。しかし、それはまだ先のことと思います。

2　サンフランシスコ講和体制と日米関係

渡部　今後、長期的に歴史認識の話が日米間の問題になるというのは、サンフランシスコ講和体制が変更になるような、よほどの大きな変動がない限り、起こらないと思います。日米安保条約は、サンフランシスコ講和条約と対になって同年に成立し、サンフランシスコ講和体制に組み込まれています。その後、日米は一九七八年と一九九七年に安保協力のガイドラインにより協力の幅を広げ、直近の二〇一五年のガイドライン改定ではさらに地域の安定のための協力の強化に動いている。日本と米国は、アジアにおける安全保障協力についてはしっかりした合意と利益の共有があります。日本はアジア太平洋地域の安定の鍵は米国の軍事プレゼンスと理解しており、これに支持、協力するという立場です。

米国は、台頭する中国を協力的なプレイヤーに誘導するためにも、日本、オーストラリア、韓国、インドなどの同盟国や協力国との多角的、多層的な協力によるアジア太平洋地域の安定を考えているのです。中国はこれに対して真っ向から挑戦するほどの力はないという自覚はあると思います。中国は、自国の地域の影響力をじわじわと拡大しようとはしていますし、あわよくば将来のどこかで米国の覇権へのチャレンジの可能性を考えてはいるかもしれませんが、米国に代わって地域の覇権を握ることも含め、少なくとも現時点では、それが実現できるとは考えていないでしょう。

国際政治は常に変化していきますので、歴史認識も、その変化の影響を受け続けるのだと思います。日本としては、歴史認識が地域安定のための日米のリアルな力の維持や行使に障害にならないように、気を付けなければなりません。そのためにも、米国だけとの関係ではなく、欧州、アジア諸国、特に韓国と中国との関係が重要です。日本が、外交・安全保障政策でも、歴史認識においても、冷静でプラグマティックな対応をできるかどうかが今後の課題になっていくと思います。それから米国ですが、米国という国はダイナミックに外交を展開してきた国ですが、現在、国内政治においては相当、内向き傾向が強くなっています。現在の大統領選挙も、内向きの候補のほうが支持を集めております。しかし、米国が決定的に内向きになると、結局は、米国の国益を損ねることになるため、それを自覚している既存のエスタブリッシュメント層と、それに反対する内向き傾向を持つ支持者との、せめぎ合いとなります。しかし、内向き主義者も、米国が大きな利益を得ている既存のサンフランシスコ講和体制を見直そうというところまではいかないでしょう。日本は大統領選挙が指し示す米国の方向性を注視しながら、アジア諸国と付き合っていくということになるかと思います。

3　揺らぐ一九六五年体制

西野　日韓関係の観点からいえば、川島先生がおっしゃった日中関係と基本的には同じで、日韓基本条約（一九六五年）およびそれに付随するさまざまな協定というのは、サンフランシスコ講和を踏まえて結ばれているので、大枠としては支持されていくことになると思います。

「一九六五年体制」がいま韓国の中で揺らいでいるというか、一九六五年体制に対する異議申し立ての声がかなり大きくなってきています。二〇一一年八月の憲法裁判所の慰安婦問題等に対する決定や二〇一二年五月の韓国最高裁の判決が代表的な動きです。二〇〇五年、盧武鉉《ノ・ムヒョン》政権の時に日韓交渉の文書が全面公開され、それら文書を調査・研究した結果、韓国の官民合同委員会は、慰安婦問題等は日本の法的責任が残っていると判断し、それが今日の韓国政府の立場です。二〇一五年に日韓合意がなされた経緯があるので、基本的には一九六五年体制は支持されていくし、二〇一五年末の合意によって一九六五年体制は、ある意味で補強されたと言うことができるはずです。加えて、六五年の時にはなかったおわびと反省が、九八年の日韓共同宣言では盛り込まれました。一九六五年体制というのは、時を経るにつれて、補強されてきています。

他方で、台頭する中国は、日韓関係にとってもやはり重要になってきています。韓国がどのように中国と共に北朝鮮問題で対応していくのか、なかでも非常に重要な問題です。韓国にとっては、東アジア地域秩序の根幹であるサンフランシスコ講和体制と同じく、朝鮮戦争の結果つくられた停戦協定体制が大きな問題です。長期的には、この停戦体制を解消して統一へと向かっていかなければならないのです。つまり、サンフランシスコ講和体制と停戦協定体制をいかに調和的に発展させていくのかは、韓国にとってとても大きな課題なのです。統一へと向かうにあたり、非常に重要なのが中国です。それは、停戦協定の署名者が、米国を中心とする国連軍と中国、そして北朝鮮だからです。韓国にとって中国との関係は、地理的な面や秩序的な面から、質的に日本と異ならざるを得ないわけです。日本と韓国がそれぞれ見ている中国像、あるいは今後付き合っていかなければならない中国の姿は、日韓のあいだでかなり乖離してきており、それは今後も重なることはないでしょう。しかし、互いの中国との関係性を共に理解し、その上で協力できる部分は協力していくということが必要になってくると思います。

日韓の対中認識の違いは、最終的に完全に収斂することはないでしょうが、より大きくリージョナルな観点から考えてみると、日韓は十分協力できるだろうと思います。そのような協力は、すでに一九九八年の日韓共同宣言以降の日韓関係でかなり実現されてきています。日韓共同宣言が出て以降、東アジアの地域協力は、金大中大統領のイニシアティブによってかなり進んできましたし、それがより進化した形として日中韓三カ国協力もある程度進みました。こういう形が、日本や韓国にとって望ましいのではないかと思います。日本側も韓国側も、今後さらにそのような協力の深化に向けて、より自覚的になれるかどうかが大きな課題となるでしょう。

細谷　重要な点を指摘していただいてありがとうございました。国によって歴史的な経緯や認識がかなり違うわけです。まずそれぞれの違いを理解して、自分たちの正義を他国に押し付けて、他国を批判するのではなくて、やはりそれぞれの国の中でどういう正義が語られているのか、あるいは歴史的な経緯をへてきたのかを理解することが重要です。

それに付け加えて、それぞれの国がおかれている国内の政治状況や、その国を取り巻く国際環境を深く理解することによって、それぞれの国が異なる歴史認識を有することが理解できるかもしれません。その中で、いろいろと相互理解を深めて、相互に妥協をしていくことが重要になっていきます。

保守の側もリベラルの側も、自分たちが掲げる正義を絶対的な正義とみなすことで、国内的な対立の原因となり、また国際的な対立の原因となります。どれだけ他者を理解し、尊重するかということが重要となり、またその中での妥協点がどこにあるかを理解することが重要となります。力と利益だけではなくて、まさに価値、歴史認識をめぐっても、はたして相互に受入可能な妥協点がどこにあるかを慎重に見極め、国内的にも国際的にも受け入れ可能な着地点を見いだすことが、今まで以上に求められる時代となっています。

今のアジアでは、激しい対立が各所で見られる一方で、そのような妥協や調整の余地が残されていて、どうにか衝突を回避しようとする動きも見られます。いずれにしても、現在の安定は非常に脆弱なもので、一時的なものですから、その脆弱な安定がより強靱な協調に変わることができるかどうかが、重要なのでしょう。

本章は二〇一六年二月におこなった座談会を東京財団が編集・構成し、ホームページで公開したものに加筆訂正を加えたものである。

資料1　村山談話

村山内閣総理大臣談話

「戦後五〇周年の終戦記念日にあたって」（いわゆる村山談話）

平成七年八月一五日

先の大戦が終わりを告げてから、五〇年の歳月が流れました。今、あらためて、あの戦争によって犠牲となられた内外の多くの人々に思いを馳せるとき、万感胸に迫るものがあります。

敗戦後、日本は、あの焼け野原から、幾多の困難を乗りこえて、今日の平和と繁栄を築いてまいりました。このことは私たちの誇りであり、そのために注がれた国民の皆様一人一人の英知とたゆみない努力に、私は心から敬意の念を表わすものであります。ここに至るまで、米国をはじめ、世界の国々から寄せられた支援と協力に対し、あらためて深甚な謝意を表明いたします。また、アジア太平洋近隣諸国、米国、さらには欧州諸国との間に今日のような友好関係を築き上げるに至ったことを、心から喜びたいと思います。

平和で豊かな日本となった今日、私たちはややもすればこの平和の尊さ、有難さを忘れがちになります。私たちは過去のあやまちを二度と繰り返すことのないよう、戦争の悲惨さを若い世代に語り伝えていかなければなりません。とくに近隣諸国の人々と手を携えて、アジア太平洋地域ひいては世界の平和を確かなものとしていくためには、なによりも、これらの諸国との間に深い理解と信頼にもとづいた関係を培っていくことが不可欠と考えます。政府は、この考えにもとづき、特に近現代における日本と近隣アジア諸国との関係にかかわる歴史研究を支援し、各国との交流の飛躍的な拡大をはかるために、この二つを柱とした平和友好交流事業を展開しております。また、現在取り組んでいる戦後処理問題についても、わが国とこれらの国々との信頼関係を一層強化するため、私は、ひき続き誠実に対応してまいります。

いま、戦後五〇周年の節目に当たり、われわれが銘記すべきことは、来し方を訪ねて歴史の教訓に学び、未来を望んで、人類社会の平和と繁栄への道を誤らないことであります。

わが国は、遠くない過去の一時期、国策を誤り、戦争への道を歩んで国民を存亡の危機に陥れ、植民地支配と侵略によって、多くの国々、とりわけアジア諸国の人々に対して多大の損害と苦痛を与えました。私は、未来に誤ち無からしめんとするが故に、疑うべくもないこの歴史の事実を謙虚に受け止め、ここにあらためて痛切な反省の意を表し、心からのお詫びの気持ちを表明いたします。また、この歴史がもたらした内外すべての犠牲者に深い哀悼の念を捧げます。

敗戦の日から五〇周年を迎えた今日、わが国は、深い反省に立ち、独善的なナショナリズムを排し、責任ある国際社会の一員として国際協調を促進し、それを通じて、平和の理念と民主主義とを押し広めていかなければなりません。同時に、わが国は、唯一の被爆国としての体験を踏まえて、核兵器の究極の廃絶を目指し、核不拡散体制の強化など、国際的な軍縮を積極的に推進していくことが肝要であります。これこそ、過去に対するつぐないとなり、犠牲となられた方々の御霊を鎮めるゆえんとなると、私は信じております。

「杖るは信に如くは莫し」と申します。この記念すべき時に当たり、信義を施政の根幹とすることを内外に表明し、私の誓いの言葉といたします。

資料2　小泉談話

内閣総理大臣談話

私は、終戦六〇年を迎えるに当たり、改めて今私たちが享受している平和と繁栄は、戦争によって心ならずも命を落とされた多くの方々の尊い犠牲の上にあることに思いを致し、二度と我が国が戦争への道を歩んではならないとの決意を新たにするものであります。

先の大戦では、三百万余の同胞が、祖国を思い、家族を案じつつ戦場に散り、戦禍に倒れ、あるいは、戦後遠い異郷の地に亡くなられています。

また、我が国は、かつて植民地支配と侵略によって、多くの国々、とりわけアジア諸国の人々に対して多大の損害と苦痛を与えました。こうした歴史の事実を謙虚に受け止め、改めて痛切な反省と心からのお詫びの気持ちを表明するとともに、先の大戦における内外のすべての犠牲者に謹んで哀悼の意を表します。悲惨な戦争の教訓を風化させず、二度と戦火を交えることなく世界の平和と繁栄に貢献していく決意です。

戦後我が国は、国民の不断の努力と多くの国々の支援により廃墟から立ち上がり、サンフランシスコ平和条約を受け入れて国際社会への復帰の第一歩を踏み出しました。いかなる問題も武力によらず平和的に解決するとの立場を貫き、ODAや国連平和維持活動などを通じて世界の平和と繁栄のため物的・人的両面から積極的に貢献してまいりました。

我が国の戦後の歴史は、まさに戦争への反省を行動で示した平和の六十年であります。

我が国にあっては、戦後生まれの世代が人口の七割を超えています。日本国民はひとしく、自らの体験や平和を志向する教育を通じて、国際平和を心から希求しています。今世界各地で青年海外協力隊などの多くの日本人が平和と人道支援のために活躍し、現地の人々から信頼と高い評価を受けています。また、アジア諸国との間でもかつてないほど経済、文化等幅広い分野での交流が深まっています。とりわけ一衣帯水の間にある中国や韓国をはじめとするアジア諸国とは、ともに手を携えてこの地域の平和を維持し、発展を目指すことが必要だと考えます。過去を直視して、歴史を正しく認識し、アジア諸国との相互理解と信頼に基づいた未来志向の協力関係を構築していきたいと考えています。

国際社会は今、途上国の開発や貧困の克服、地球環境の保全、大量破壊兵器不拡散、テロの防止・根絶などかつては想像もできなかったような複雑かつ困難な課題に直面しています。我が国は、世界平和に貢献するために、不戦の誓いを堅持し、唯一の被爆国としての体験や戦後六十年の歩みを踏まえ、国際社会の責任ある一員としての役割を積極的に果たしていく考えです。

戦後六十年という節目のこの年に、平和を愛する我が国は、志を同じくするすべての国々とともに人類全体の平和と繁栄を実現するため全力を尽くすことを改めて表明いたします。

平成十七年八月十五日

内閣総理大臣　小泉　純一郎

資料3　安倍談話

内閣総理大臣談話

［閣議決定］

終戦七十年を迎えるにあたり、先の大戦への道のり、戦後の歩み、二十世紀という時代を、私たちは、心静かに振り返り、その歴史の教訓の中から、未来への知恵を学ばなければならないと考えます。

百年以上前の世界には、西洋諸国を中心とした国々の広大な植民地が、広がっていました。圧倒的な技術優位を背景に、植民地支配の波は、十九世紀、アジアにも押し寄せました。その危機感が、日本にとって、近代化の原動力となったことは、間違いありません。アジアで最初に立憲政治を打ち立て、独立を守り抜きました。日露戦争は、植民地支配のもとにあった、多くのアジアやアフリカの人々を勇気づけました。

世界を巻き込んだ第一次世界大戦を経て、民族自決の動きが広がり、それまでの植民地化にブレーキがかかりました。この戦争は、一千万人もの戦死者を出す、悲惨な戦争でありました。人々は「平和」を強く願い、国際連盟を創設し、不戦条約を生み出しました。戦争自体を違法化する、新たな国際社会の潮流が生まれました。

当初は、日本も足並みを揃えました。しかし、世界恐慌が発生し、欧米諸国が、植民地経済を巻き込んだ、経済のブロック化を進めると、日本経済は大きな打撃を受けました。その中で日本は、孤立感を深め、外交的、経済的な行き詰まりを、力の行使によって解決しようと試みました。国内の政治システムは、その歯止めたりえなかった。こうして、日本は、世界の大勢を見失っていきました。

満州事変、そして国際連盟からの脱退。日本は、次第に、国際社会が壮絶な犠牲の上に築こうとした「新しい国際秩序」への「挑戦者」となっていった。進むべき針路を誤り、戦争への道を進んで行きました。

そして七十年前。日本は、敗戦しました。

戦後七十年にあたり、国内外に斃れたすべての人々の命の前に、深く頭を垂れ、痛惜の念を表すとともに、永劫の、哀悼の誠を捧げます。

先の大戦では、三百万余の同胞の命が失われました。祖国の行く末を案じ、家族の幸せを願いながら、戦陣に散った方々。終戦後、酷寒の、あるいは灼熱の、遠い異郷の地にあって、飢えや病に苦しみ、亡くなられた方々。広島や長崎での原爆投下、東京をはじめ各都市での爆撃、沖縄における地上戦などによって、たくさんの市井の人々が、無残にも犠牲となりました。

戦火を交えた国々でも、将来ある若者たちの命が、数知れず失われました。中国、東南アジア、太平洋の島々など、戦場となった地域では、戦闘のみならず、食糧難などにより、多くの無辜の民が苦しみ、犠牲となりました。戦場の陰には、深く名誉と尊厳を傷つけられた女性たちがいたことも、忘れてはなりません。

何の罪もない人々に、計り知れない損害と苦痛を、我が国が与えた事実。歴史とは実に取り返しのつかない、苛烈なものです。一人ひとりに、それぞれの人生があり、夢があり、愛する家族があった。この当然の事実をかみしめる時、今なお、言葉を失い、ただただ、断腸の念を禁じ得ません。

これほどまでの尊い犠牲の上に、現在の平和がある。これが、戦後日本の原点であります。

二度と戦争の惨禍を繰り返してはならない。

事変、侵略、戦争。いかなる武力の威嚇や行使も、国際紛争を解決する手段としては、もう二度と用いてはならない。植民地支配から永遠に訣別し、すべての民族の自決の権利が尊重される世界にしなければならない。

先の大戦への深い悔悟の念と共に、我が国は、そう誓いました。自由で民主的な国を創り上げ、法の支配を重んじ、ひたすら不戦の誓いを堅持してまいりました。七十年間に及ぶ平和国家としての歩みに、私たちは、静かな誇りを抱きながら、この不動の方針を、これからも貫いてまいります。

我が国は、先の大戦における行いについて、繰り返し、痛切な反省と心からのお詫びの気持ちを表明してきました。その思いを実際の行動で示すため、インドネシア、フィリピンはじめ東南アジアの国々、台湾、韓国、中国など、隣人であるアジアの人々が歩んできた苦難の歴史を胸に刻み、戦後一貫して、その平和と繁栄のために力を尽くしてきました。

こうした歴代内閣の立場は、今後も、揺るぎないものであります。

ただ、私たちがいかなる努力を尽くそうとも、家族を失った方々の悲しみ、戦禍によって塗炭の苦しみを味わった人々の辛い記憶は、これからも、決して癒えることはないでしょう。

ですから、私たちは、心に留めなければなりません。

戦後、六百万人を超える引揚者が、アジア太平洋の各地から無事帰還でき、日本再建の原動力となった事実を。中国に置き去りにされた三千人近い日本人の子どもたちが、無事成長し、再び祖国の土を踏むことができた事実を。米国や英国、オランダ、豪州などの元捕虜の皆さんが、長年にわたり、日本を訪れ、互いの戦死者のために慰霊を続けてくれている事実を。

戦争の苦痛を嘗め尽くした中国人の皆さんや、日本軍によって耐え難い苦痛を受けた元捕虜の皆さんが、それほど寛容であるためには、どれほどの心の葛藤があり、いかほどの努力が必要であったか。

そのことに、私たちは、思いを致さなければなりません。

寛容の心によって、日本は、戦後、国際社会に復帰することができました。戦後七十年のこの機にあたり、我が国は、和解のために力を尽くしてくださった、すべての国々、すべての方々に、心からの感謝の気持ちを表したいと思います。

日本では、戦後生まれの世代が、今や、人口の八割を超えています。あの戦争には何ら関わりのない、私たちの子や孫、そしてその先の世代の子どもたちに、謝罪を続ける宿命を背負わせてはなりません。しかし、それでもなお、私たち日本人は、世代を超えて、過去の歴史に真正面から向き合わなければなりません。謙虚な気持ちで、過去を受け継ぎ、未来へと引き渡す責任があります。

私たちの親、そのまた親の世代が、戦後の焼け野原、貧しさのどん底の中で、命をつなぐことができた。そして、現在の私たちの世代、さらに次の世代へと、未来をつないでいくことができる。それは、先人たちのたゆまぬ努力と共に、敵として熾烈に戦った、米国、豪州、欧州諸国をはじめ、本当にたくさんの国々から、恩讐を越えて、善意と支援の手が差しのべられたおかげであります。

そのことを、私たちは、未来へと語り継いでいかなければならない。歴史の教訓を深く胸に刻み、より良い未来を切り拓いていく、アジア、そして世界の平和と繁栄に力を尽くす。その大きな責任があります。

私たちは、自らの行き詰まりを力によって打開しようとした過去を、この胸に刻み続けます。だからこそ、我が国は、いかなる紛争も、法の支配を尊重し、力の行使ではなく、平和的・外交的に解決すべきである。この原則を、これからも堅く守り、世界の国々にも働きかけてまいります。唯一の戦争被爆国として、核兵器の不拡散と究極の廃絶を目指し、国際社会でその責任を果たしてまいります。

私たちは、二十世紀において、戦時下、多くの女性たちの尊厳や名誉が深く傷つけられた過去を、この胸に刻み続けます。だからこそ、我が国は、そうした女性たちの心に、常に寄り添う国でありたい。二十一世紀こそ、女性の人権が傷つけられることのない世紀とするため、世界をリードしてまいります。

私たちは、経済のブロック化が紛争の芽を育てた過去を、この胸に刻み続けます。だからこそ、我が国は、いかなる国の恣意にも左右されない、自由で、公正で、開かれた国際経済システムを発展させ、途上国支援を強化し、世界の更なる繁栄を牽引してまいります。繁栄こそ、平和の礎です。暴力の温床ともなる貧困に立ち向かい、世界のあらゆる人々に、医療と教育、自立の機会を提供するため、一層、力を尽くしてまいります。

私たちは、国際秩序への挑戦者となってしまった過去を、この胸に刻み続けます。だからこそ、我が国は、自由、民主主義、人権といった基本的価値を揺るぎないものとして堅持し、その価値を共有する国々と手を携えて、「積極的平和主義」の旗を高く掲げ、世界の平和と繁栄にこれまで以上に貢献してまいります。

終戦八十年、九十年、さらには百年に向けて、そのような日本を、国民の皆様と共に創り上げていく。その決意であります。

平成二十七年八月十四日
内閣総理大臣　安倍晋三

Ⅲ　歴史認識を考えるために

第七章　歴史認識問題を考える書籍紹介

細谷雄一

はじめに

二〇一五年は、第二次世界大戦の終戦から七〇周年であった。この節目の年に、はたして政府が、そして安倍晋三首相がどのような歴史認識を示すかが注目された。

二〇一五年一月一日、安倍首相は年頭所感で次のように述べている。

「今年は、戦後七〇年の節目であります。日本は、先の大戦の深い反省のもとに、戦後、自由で民主的な国家として、ひたすら平和国家としての道を歩み、世界の平和と繁栄に貢献してまいりました。その来し方を振り返りながら、次なる八〇年、九〇年、さらには一〇〇年に向けて、日本がどういう国を目指し、世界にどのような貢献をしていくのか。私たちが目指す国の姿を、この機会に、世界に向けて発信し、新たな国づくりへの力強いスタートを切る。そんな一年にしたいと考えています。」

さらに一月五日に年頭記者会見で、歴史認識に関する質問に対して安倍首相は次のように答えている。「従来から申し上げておりますように、安倍内閣としては、村山談話を含め、歴史認識に関する歴代内閣の立場を全体として引き継いでいます。そしてまた、引き継いでまいります。戦後七〇年の間に、日本は自由で、そして民主的で、人権を守り、法の支配を尊重する国を創り、平和国家としての歩みを進め、そしてアジア太平洋地域や世界の平和・発展・民主化などに大きな貢献をしてまいりました。戦後七〇年の節目を迎えるに当たりまして、安倍政権として、先の大戦への反省、そして戦後の平和国家としての歩み、そして今後、日本としてアジア太平洋地域や世界のためにさらにどのような貢献を果たしていくのか。世界に発信できるようなものを、英知を結集して考え、新たな談話に書き込んでいく考えであります。」

この年頭記者会見での安倍首相の言葉に、この年に進めていこうとする政府としての歴史認識への取り組みの基本姿勢を見て取れる。すなわちそれは三つの側面が融合しており、第一の側面は「先の大戦への反省」という歴史の反省、第二の側面が「戦後の平和国家としての歩み」としての戦後七〇年の総括、さらに第三の側面として「積極的平和主義」に基づく今後の平和と繁栄のための「貢献」となっている。

それは、過去・現在・未来という三つの時間が融合するものであり、それらが相互に関連し合っている。日本が真摯に過去の歴史と向き合うことで、今後の日本の外交政策や安全保障政策への国際的な信頼を得られるであろう。また、戦後の日本の平和国家としての歩みは、あくまでも戦争の経験の反省の上に立つものであろう。このように、歴史認識問題とは、単なる過去をめぐる認識であるのに留まらず、現在の対外政策とも不可分に結びつき、また未来の針路を規定するものでもある。

実際に、二月二五日に首相官邸で開かれた「二〇世紀を振り返り二一世紀の世界秩序と日本の役割を構想するための有識者懇談会」、いわゆる二〇世紀構想懇談会において、安倍首相は同様に、このような三層構造の問題提起をおこなった。二〇一五年における日本外交は、歴史認識問題に大きく動かされ、規定され、影響を受けてきた。他方で、二〇一五年に日本外交が直面した課題もまた、歴史談話の内容に大きな影響を及ぼしている。ここではそのような問題意識から、近年刊行された歴史認識をめぐる書籍を中心に、紹介をしていきたい。

一　第一次世界大戦開戦一〇〇周年

二〇一四年は、第一次世界大戦開戦から一〇〇周年であった。それゆえ、日本語や英語で数多くの関連文献が刊行された。第一次世界大戦は、歴史家エリック・ホブズボームによって「短い二〇世紀」の幕開けとして位置づけられた。(1) 現代世界の幕開けとして第一次世界大戦は最も重要な転換点となり、その後の歴史認識問題をめぐる重要な出発点となった。その意味で、第一次世界大戦についてどのように研究が進んでおり、一〇〇周年においてどのように記憶されているのかを理解することは、意味があることである。(2)

英語では、イエール大学教授のジェイ・ウィンターが責任編集をした、*The Cambridge History of the First World War* が全三巻で刊行されている。[3] 現時点では、この三巻本が、第一次世界大戦研究の最先端ということができる。これは近年の歴史学の潮流に符合して、軍事史や外交史よりもむしろ社会史や文化史の側面に力を入れた論文集となっている。この浩瀚な論文集のなかでいくつかの章が歴史認識問題に関連した内容となっており、たとえば第一巻では Bruno Cabanes, “1919: Aftermath” が、そして第三巻では、John Horne, “The Great War at its centenary” が、第一次世界大戦のその後の影響について触れられている。さらには、第三巻では、Joy Damousi, “Mourning practices” において、戦後の死者の追悼が個人的及び集合的にどのようにおこなわれたのかが書かれている。なお、アジアについては、第二巻で、Guoqi Xu, “Asia” において論じられているが、全三巻を通じて日本人の執筆者が加わっていないのは、やや残念である。東アジアにおいても、第一次世界大戦は多くの政治変動や、摩擦や対立を生み出しているが、それらがまだ総合的に語られていないことが、現在に至る東アジアの歴史認識問題の根深さとも無関係ではあるまい。

なお、この編者のジェイ・ウィンターは、第一次世界大戦の記憶や追悼が専門分野であり、この領域でいくつもの研究成果を残している。それは、Jay Winter, *Sites of Memory, Sites of Mourning: The Great War in European Cultural History* (Cambridge: Cambridge University Press, 1995) や、Jay Winter and Emmanuel Sivan (eds.), *War and Remembrance in the Twentieth Century* (Cambridge: Cambridge University Press, 2000)、Jay Winter and Antoine Prost (eds.), *The Great War in History: Debates and*

Controversies, 1914 to the Present (Cambridge: Cambridge University Press, 2005) などが刊行されている。

　また、Hew Strachan (ed.), *The Oxford Illustrated History of the First World War*, New Edition では、より軍事史と外交史に焦点を当てたかたちで、優れた論文が収められている。[4] このなかで、Modris Eksteins, "Memory and the Great War" において、戦後に戦争がどのように記憶されたのかが記されている。世界に巨大な衝撃を与えた第一次世界大戦はその後の文学や映画にも刻まれることになるが、同時に世界各地に追悼施設が創られて、死者が記憶されることになる。

　著名な外交史家でケンブリッジ大学教授のデイヴィッド・レイノルズ教授による *The Long Shadow: The Great War and the Twentieth Century* では、近年の第一次世界大戦研究が「文化的転回」が起きていることを前提として、より外交や軍事にも関心を寄せるかたちでの総合的な視点の提示を目指している。[5] 本書では、とりわけイギリスにおいて、第一次世界大戦がその後の外交や社会にどのように影響を及ぼしたのかを論じている。イギリスやフランスやドイツやアメリカで、第一次世界大戦がもたらした意味と影響が異なることを念頭に置いて、それがイギリスでどのような影響を与えてきたのかを長い時間的な視野に位置づけている。

　日本語文献としては、二〇一五年には、京都大学人文科学研究所の長年の共同研究の成果でもある第一次世界大戦に関する論文集が刊行された。[6] 上記のケンブリッジ大学出版会のものに比べると、文学や哲学などの分野に関連した論文が多いことや、日本やアジアの関与に焦点が当てられた論文が多く含まれていることなどの特徴が見られる。タイトルに「現代の起点」と書かれており、第四巻では、遠藤乾「ヨーロッパ統合へ向けて―起点としての第一次世界大戦―」、伊藤順二「帝国ソ連の成立―南コーカサスにおけるロシア帝国の崩壊と再統合―」、中野耕太郎「『アメリカの世紀』の始動」など、興味深い論点も見られるが、上記のジェイ・ウィンターの研究に見られるような、戦後の追悼や歴史認識、記憶のされ方などについても、とりわけ日本やアジアを焦点として論じられていればより奥行きがでたことであろう。なお、第一次世界大戦について、軍事史に焦点を当てた研究としては、軍事史学会編『第一次世界大戦とその影響』（錦正社、二〇一五年）が刊行されたことを歓迎したい。

このようにして、一世紀前の第一次世界大戦に関しても、いまだに論争は続き、新しい研究成果が毎年のように生み出されている。また、第一次世界大戦に関する歴史認識もまた、国によって異なり、それらをバランスよく客観的に理解することはけっして容易ではない。だとすれば、より時間的に近い第二次世界大戦については、依然として戦争を経験した者が多く生きていることからも、歴史認識の共有は容易ではないというべきであろう。

二　歴史認識をめぐる問題

近年は、歴史学の領域のみならず、政治学や国際関係論においてもまた、歴史認識や歴史的記憶が持つ重要性が指摘されるようになっている。ドイツ史が専門で、オクスフォード大学オール・ソウルズ・コレッジのフェローであるヤン＝ヴェルナー・ミューラーは、「記憶に関して歴史学、社会学、カルチュラル・スタディーズにおいて重点が置かれて研究が進んでいるにも拘わらず、記憶とパワーとのつながりについては、興味深いことに依然として十分な検討がなされていない」という。(7) われわれは、依然として、歴史認識問題や歴史記憶問題を純粋な、誠実さの問題として位置づけることが多いが、ここで指摘されているように、よりいっそう政治学的な問題として、「記憶」がどのように用いられているかを、冷静に資料を用いて歴史的に検証しなければならない。それが結果的に、歴史認識問題を「神話」から「事実」へと発展させていく上で不可欠となるだろう。

そのような視点から、歴史認識や記憶の問題を検討した研究がいくつか見られる。まず、ジェニファー・リンドは、国際政治学的な視点から歴史的記憶や歴史的和解の問題を検討している。Jennifer Lind, *Sorry States: Apologies in International Politics* (Ithaca: Cornell University Press, 2008) は、日本や東アジアでの和解の問題を扱っており、この分野での先駆的な著書となっている。また、国際政治学者でボストン大学教授のトマス・バーガーは、コンストラクティヴィズムの理論的関心からこの問題を扱っており、ドイツや日本などの戦後の経験を比較した研究を刊行している。(8)

近現代日本史や東アジア史を専門とするアメリカの研究者を中心にまとめた、歴史認識問題をめぐる共著としては、Sheila Miyoshi and Rana Mitter (eds.), *Ruptured Histories: War, Memory, and the Post-Cold War in Asia* (Cambridge MA: Harvard University Press, 2007) がある。本書では、慰安婦問題、靖国参拝問題、ベトナム戦争問題など、現在にまで尾を引いているアジアにおける歴史認識の問題について、それぞれの専門家が論文を寄せている。

他方で、帝国が脱植民地化の後に、記憶やアイデンティティの問題をどのようにもたらしているかを論じた共同研究が、Kalypso Nicolaidis, Berny Sebe and Garielle Maas (eds.), *Echoes of Empire: Memory, Identity and Colonial Legacies* (London: I.B. Tauris, 2015) である。ここでは、オスマン帝国やスペイン帝国、大日本帝国から、ソ連帝国の崩壊まで、多様な地域の多様な「帝国」の崩壊後の遺産と影響を論じている。歴史家と政治学者の共同研究であり、「帝国」の問題を多面的に論じる上で有益な視座を提供してくれる。

また、政治学的な問題関心から、現在の東アジアの歴史認識問題について検討した共同研究として、Tsuyoshi Hasegawa and Kazuhiko Togo (eds.), *East Asia's Haunted Present: Historical Memories and Resurgence of Nationalism* (Westport: Praeger, 2008) がある。ここでは、アメリカ人研究者、日本人研究者、中国人研究者、韓国人研究者などが集まって、現代の東アジアでナショナリズムの問題と歴史認識問題がどのように絡み合っているかを論じている。

三　日英間の歴史和解

戦後に日本が経験した歴史和解として、しばしば成功例としてあげられるのが日英間の歴史和解である。日本の真珠湾攻撃以降、比較的短期間で日本軍はシンガポールやマレー半島を軍事占領したことから、大量のイギリス人捕虜が発生した。それらのイギリス人捕虜の虐待や、泰緬鉄道建設時の大量のイギリス人捕虜の死によって、戦後の日英関係はイギリスの退役軍人の強硬な態度で冷却化していた。それが、一九八〇年代以降の両国政府の真摯な取り組みや、民間団体の努力によって、現在では歴史和解が大幅に進んでいる。

これらの過程を詳しく論じているのが、小菅信子の『戦後和解――日本は〈過去〉から解き放たれるのか』（中公新書、二〇〇五年）と『ポピーと桜――日英和解を紡ぎなおす』（岩波書店、二〇〇八年）の二冊である。あまり論じられる機会のない日英和解であるが、戦後長い期間にわたって日英両国間では歴史認識問題をめぐって摩擦が続いていた。それがどのように和解に向かっていたのかを理解することは、今日本が直面する問題の本質を理解する上でも参考になるであろう。同時に、歴史和解が進むためには両者が努力をいとわないことが不可欠であることが理解できるだろう。

日英和解については、ほかにもいくつかの優れた共同研究がある。小菅信子／ヒューゴ・ドブソン編『戦争と和解の日英関係史』（法政大学出版局、二〇一一年）と木畑洋一／小菅信子／フィリップ・トウル編『戦争の記憶と捕虜問題』（東京大学出版会、二〇〇三年）は、これらの問題の解決が決して容易ではなかった様子が理解できる。日中間や日韓間とは異なり、日英間の和解の問題には、人種の問題や宗教の問題、国際法理解の問題なども複雑に絡んでいる。この二冊の共同研究は、それらの問題を多様な角度から検討している。

四　ヨーロッパの経験とアジアの経験

ヨーロッパとアジアでは、歴史認識問題の性質も、置かれた国際環境も、歴史和解に求められる条件も大きく異なる。したがって、それらを安易に結びつけることは、かえって問題を複雑にして、解決を困難にしてしまう可能性がある。しかしながら、安易なアナロジーとしてではなく、学問的な比較の視座から両者を検討することは無意味ではない。

そのような試みを真摯な学問的態度でおこなっているのが、黒沢文貴／イアン・ニッシュ編『歴史と和解』（東京大学出版会、二〇一一年）である。そこでは、信頼できる歴史家が、仏独間や英―アイルランド間、フランス―アルジェリア間などの歴史和解問題と比較して、日中や日韓の問題を検討している。取り上げている事例からしても、最も包括的で多面的な歴史和解研究の一つといえるだろう。そこからわれわれは、多くの示唆を得られるはずだ。

また、読売新聞記者の三好範英の『蘇る「国家」と「歴史」――ポスト冷戦20年の欧州』（芙蓉書房出版、二〇〇九年）では、日本であまり取り上げられることのないロシア―エストニア関係、ドイツ―ポーランド関係などの歴史和解の問題を取り上げている。ヨーロッパをしばしば、歴史和解の模範としてアジアでは取り上げられることが多いが、実際には冷戦後のヨーロッパでは、第二次世界大戦期の歴史問題と、冷戦期の歴史問題が複合的に絡み合い、よりいっそう解決が困難となっている場合もあるのだ。

さらには、ロシア史が専門の橋本伸也関西学院大学教授が、『記憶の政治――ヨーロッパの歴史認識紛争』（岩波書店、二〇一六年）のなかで、ロシアが抱える歴史認識問題をバルト諸国との関係を中心に丁寧に検討している。ロシアとバルト三国、あるいは東欧諸国との関係は、世界戦争と、冷戦、そして共産主義体制の崩壊という、何重もの巨大な歴史変動が折り重なっていることから、よりいっそう複雑なものとなっている。冷戦の終結は、巨大な氷が溶けたことで、多くの伝統的な歴史の問題が浮かび上がってきたのだ。

五　東アジアの歴史認識問題

さて、最も困難で、われわれにとっても最も重要な東アジアにおける歴史認識問題についても、すでに多くの有用な著書が刊行されている。比較的早い段階でこの問題の重要性を検討したのが、船橋洋一編『いま、歴史問題にどう取り組むか』（岩波書店、二〇〇一年）や船橋洋一『歴史和解の旅――対立の過去から共生の未来へ』（朝日新聞社、二〇〇四年）である。一九九三年の慰安婦問題をめぐる河野談話の際や、一九九五年の戦争責任をめぐる村山談話の際にも、歴史認識問題はすでに深刻な問題となっており、日韓関係や日中関係を冷却化させていた。しかしながら、それが学問的な研究対象として、より包括的で総合的な視座から検討されるようになったのは、これらの著書の役割も大きい。

早い段階でジャーナリストとしてこの問題に関心を寄せていたのが、若宮啓文であった。若宮は、『戦後保守のアジア観』（朝日選書、一九九五年）で自民党の保守系議員における歴史認識を概観している。その著書は、新しく改訂されて『戦後70年　保守のアジア観』（朝日選書、二〇一四年）として現在でも読まれている。近年の研究としては、菅英輝編『東アジアの歴史摩擦と和解可能性――冷戦後の国際秩序と歴史認識をめぐる諸問題』（凱風社、二〇一一年）が日本、アメリカ、イギリス、中国、韓国の国際政治学者や歴史家による共同研究の成果である。研究のフォーカスは、ジャーナリストによる検討から、歴史家による学問的研究へとシフトしてきた。その一つの成果である。

六　戦後日本が辿ってきた道

戦後の外交史料が公開され、またオーラル・ヒストリーなどの研究手法が活用される中で、より本格的な学問的な研究成果として、優れた文献が刊行されるようになってきた。

政府内で数多くの作業に携わり、また外務省外交史料館で『外交文書』編纂委員を長く務めてきた波多野澄雄筑波大学名誉教授による『国家と歴史――戦後日本の歴史問題』（中公新書、二〇一一年）は、これらの問題を論じる上での必読書である。戦争賠償問題からはじまり、歴史教科書問題、靖国参拝問題、慰安婦問題から、歴史共同研究についてなど、著者が当事者として関わった問題を含めて、バランスよく議論の前提を提供してくれる。また、服部龍二『外交ドキュメント歴史認識』（岩波新書、二〇一五年）では、著者による広範囲のオーラル・ヒストリーや外務省への情報公開請求の成果を生かして、従来明らかとなっていなかった領域も含めて、最新の研究成果が反映されている。この二冊の優れた歴史家による成果は、イデオロギーや感情、政局などとは距離を置いて、歴史家としての冷めた目でこれらの問題の本質に迫っている。

日中間の歴史認識問題については、アメリカのシートンホール大学で教鞭を執る二人の中国人政治学者、ワン・ジョンとヘ・イナンによる優れた研究が大変役に立つ。ワン・ジョン『中国の歴史認識はどう作られたのか』（東洋経済新報社、二〇一四年）は、すでに国際的に高い評価をされていた *Never Forget National Humiliation* の邦訳である。(9) ワンは、「勿忘国恥」という中国が頻繁に用いる用語に注目して、中国の政治や外交が「歴史的記憶」により大きく規定されてきたことを論じている。また、Yinan He, *The Search for Reconciliation: Sino-Japanese and German-Polish Relations since World War II* (Cambridge: Cambridge University Press, 2009) は、バランスよく日中とドイツ＝ポーランドの歴史和解の道のりを比較検討している。いずれの著書も中国政府が意図的に愛国主義やナショナリズムを動員して国内の結束を高めて共産党が統治の正当性を獲得している様子を学術的に論じている。

日韓間の歴史認識問題については、木村幹『日韓歴史認識問題とは何か――歴史教科書・「慰安婦」・ポピュリズム』（ミネルヴァ書房、二〇一四年）が優れている。韓国政治が専門の木村幹神戸大学教授は、さまざまな統計データや、新聞資料などを用いて、韓国において歴史認識問題が浮上する論理を明快に描き出している。中国の場合も同様だが、歴史認識問題が浮上する背景として、国内政治上の要因が大きく作用する点を強調している。国内問題が深く作用している以上、外交のみでこれらの問題を解決することがいかに難しいかが理解できる。

おわりに

日本が現在抱える最も困難な歴史認識問題は、日中間と日韓間で見られる。とりわけ、慰安婦問題は、二〇一五年一二月の日韓合意が得られるまでは、日韓間で首脳会談さえも開くことができないほど両国の関係を緊張させていた。韓国国内では、この問題を学問的研究対象として、冷静に論じることは容易ではない。朴裕河『帝国の慰安婦――植民地支配と記憶の闘い』（朝日新聞社、二〇一四年）刊行をめぐり、韓国国内でも日本国内でも大きな問題となってしまっているのは、その証左といえる。同様に、日本国内でも、慰安婦問題や南京虐殺問題などは、冷静な研究が困難となっている。

E・H・カーは、「現在の眼を通してでなければ、私たちは過去を眺めることも出来ず、過去の理解に成功することも出来ない」と論じている[10]。言い換えれば、日韓間や日中間の歴史認識問題を理解するためには、韓国政治や中国政治、そして日本政治を理解することもまた、不可欠なのだ。なぜそのような歴史認識問題が浮上したのか。なぜそれが解決できないのか。それは、歴史的事実を理解するだけでも、歴史史料を探すだけでも、不十分なのであろう。相手を批判するだけではなく、過去を理解すると同時に現在を理解することで、複雑に絡み合った歴史認識問題に適切に対応できる前提条件が得られるのではないか。

註

（1）エリック・ホブズボーム『20世紀の歴史——極端な時代』河合秀和訳（三省堂、一九九六年）。

（2）近年の第一次世界大戦史研究の発展を、日本の視点から概観したものとして、奈良岡聰智「第一次世界大戦と日本」『アステイオン』第八四巻（二〇一六年）、二二一—二二七ページが優れたレビューとなっている。

（3）Jay Winter (ed.), *The Cambridge History of the First World War: Volume I Global War* (Cambridge: Cambridge University Press, 2014); Jay Winter (ed.), *The Cambridge History of the First World War: Volume II The State* (Cambridge: Cambridge University Press, 2014); Jay Winter (ed.), *The Cambridge History of the First World War* (Cambridge: Cambridge University Press, 2014).

（4）Hew Strachan (ed.), *The Oxford Illustrated History of the World War*, New Edition (Oxford: Oxford University Press, 2014).

（5）David Reynolds, *The Long Shadow: The Great War and the Twentieth Century* (London: Simon & Schuster, 2013).

（6）山室信一・岡田暁生・小関隆・藤原辰史編『第一次世界大戦　1世界戦争』（岩波書店、二〇一四年）、『第一次世界大戦　2総力戦』（岩波書店、二〇一四年）、『第一次世界大戦　3精神の変容』（岩波書店、二〇一四年）、『第一次世界大戦　4遺産』（岩波書店、二〇一四年）。

（7）Jan-Werner Müller, "Introduction: the power of memory, the memory of power and the power over memory", in Jan-Werner Müller (ed.), *Memory & Power in Post-war Europe: Studies in the Presence of the Past* (Cambridge: Cambridge University Press, 2002) p. 2.

（8）Thomas U. Berger, *War, Guilt, and World Politics after World War II* (Cambridge: Cambridge University Press, 2012).

（9）Zhen Wang, *Never Forget National Humiliation: Historical Memory in Chinese Politics and Foreign Relations* (New York: Columbia University Press, 2012).

（10）E・H・カー『歴史とは何か』清水幾太郎訳（岩波新書、一九六二年）三一頁。

第八章　戦後七〇年を考えるうえで有益な文献を探る

小宮一夫

はじめに

一九四五年八月一五日の終戦からはや七〇年が過ぎた。政治学や経済学の同時代研究から始まった「戦後」研究は、時の経過を経るにつれて、歴史研究の対象とする範疇を広げてきた。

終戦後から四半世紀を経た一九七〇年代になると、占領史研究のパイオニアともいうべき竹前栄治氏による『アメリカ対日労働政策の研究』（日本評論社、一九七〇年）をはじめとする占領期研究の成果が単著で公刊されるに至った。一九八〇年代に入ると、五百旗頭真『米国の日本占領政策――戦後日本の設計図』上・下（中央公論社、一九八五年）、同『日米戦争と戦後日本』（大阪書籍、一九八九年、のちに講談社学術文庫、二〇〇五年）、細谷千博『サンフランシスコ講和への道』（中央公論社、一九八四年）、渡辺昭夫・宮里政玄編『サンフランシスコ講和』（東京大学出版会、一九八六年）などが公刊され、歴史研究者の間でも占領期の研究が市民権を得るに至った。

国際的には一九八九年の年末に冷戦が終結し、国内的には年頭に昭和天皇が崩御して「昭和」が終焉したこともあり、一九九〇年代に入ると「講和独立」以後が歴史研究の対象として市民権を得るに至った。研究の関心は、日米安保条約の成立や安保改定、沖縄返還、五五年体制、高度経済などに寄せられた。終戦後から半世紀を経た一九九五年には、戦前期の陸軍の大陸政策に関する研究で画期的な業績を挙げた北岡伸一氏による『自民党——政権党の38年』(読売新聞社、のちに中公文庫、二〇〇八年)が公刊された。同書の公刊は、講和独立後、延いては五五年体制期が真の意味で歴史研究の対象となりうることを端的に象徴するものであった。

二一世紀に入ると、冷戦終結後の一九九〇年代に研究を開始した若手研究者による戦後の日本外交や日本政治に関する歴史研究が続々と公刊されるに至った。それらの一部は、東京財団政治外交検証研究会で書評・短評としてとりあげられており、同研究会のホームページで参照できる。

戦後七〇年を経た今、戦後史に関する研究、なかでも政治史、外交史について俯瞰すると、戦後日本外交史研究のめざましい進展による研究蓄積と戦後日本政治史研究の蓄積の「薄さ」が浮き彫りにされる。これには、戦後期の外交記録の公開が内政のものよりも先行して行われてきたことによる史資料の「厚み」が大きく関わっている。今や一九七〇年代は歴史研究の対象として市民権を得、八〇年代、九〇年代が歴史の研究対象となろうとしている。

同時代研究として出発した「戦後日本」研究は、戦後七〇年を経たことにより、歴史研究の対象となる時期が拡大し、文献の数も膨大である。そもそも「戦後」について、学界のコンセンサスは存在せず、多様な見方が存在する。福永文夫・河野康子編『戦後とは何か――政治学と歴史学の対話』上・下（丸善出版、二〇一四年）では、渡邊昭夫氏や五百旗頭真氏をはじめとする大家や加藤陽子氏、牧原出氏ら第一線に立つ研究者がそれぞれの観点から「戦後」を論じ、研究会のメンバーとの間で激しい議論が繰り広げられている。本書は、研究者の価値観やアプローチの違い、世代間などによって、戦後の捉え方が多様であることを読者に喚起する。この上下本には、「戦後」を考えるうえでの有益なヒントがちりばめられている。読者は、それぞれの問題関心にそって、本書を繙くとよいだろう。

以下、本章では、戦後七〇年を考えるうえで論点となりそうなテーマに関する有益な文献（書籍、論文・評論など）を紹介する。紙幅および筆者の専門の関係から政治・外交分野を中心とし、文献の選定では、「戦後」に関心を有する専門家以外の読者を鑑み、概説や新書・文庫などがあるものはそちらを優先した。

一　戦後史の通史と時期区分

政治・外交に力点をおいた戦後史の通史としては、中央公論新社の「日本の近代」シリーズが挙げられる。同シリーズでは、五百旗頭真『日本の近代6　戦争・終戦・復興　一九四一～一九五五』（二〇〇一年、のちに中公文庫、二〇一三年）、猪木武徳『日本の近代7　経済成長の果実　一九五五～

一九七二』（二〇〇〇年、のちに中公文庫、二〇一三年）、渡邉昭夫『日本の近代8　大国日本の揺らぎ　一九七二〜』（二〇〇〇年、のちに中公文庫、二〇一三年）が戦後から現在までを扱っている。通史の時期区分として画期的なのは、五百旗頭氏が担当した巻で、日本の終戦から戦後史を描き始めるのではなく、一九四一年の日米開戦を始点とし、占領期を経て、保守合同で自民党が誕生する一九五五年までをひとつの巻としたことである。

講談社の「日本の歴史」シリーズの一冊として刊行された河野康子『日本の歴史24　戦後と高度成長の終焉』（二〇〇二年、のちに講談社学術文庫、二〇一〇年）は、政治・外交のみならず、経済にもめくばりがなされている。研究の進展状況を鑑みると、一人の著者が戦後から二一世紀初頭までを取り扱う本格的な通史を執筆することは困難になりつつある。一流の研究者が執筆時、戦後五〇年を単独で描ききった点にその意義を見いだせる。

近年、戦後の防衛政策研究の第一人者である佐道明広氏や戦後日本外交史研究の若手による通史が吉川弘文館の「現代日本政治史」シリーズとして公刊された。うちわけは、時代順に楠綾子『現代日本政治史1　占領から独立へ　一九四五〜一九五二』（二〇一三年）、池田慎太郎『現代日本政治史2　独立完成への苦闘　一九五二〜一九六〇』（二〇一一年）、中島琢磨『現代日本政治史3　高度成長と沖縄返還　一九六〇〜一九七二』（二〇一二年）、若月秀和『現代日本政治史4　大国日本の政治指導　一九七二〜一九八九』（二〇一二年）、佐道明広『現代日本政治史5　「改革政治」の混迷　一九八九〜』（二〇一二年）である。

戦後史の転機はどこに求められるであろうか。日本を取り巻く国際環境及び日本外交に着目した区分としては、（1）講和独立、（2）安保改定、（3）「国際化」に直面する日本、（4）冷戦終焉、などが考えられる。また、国内政治に着目した時期区分の一例としては、（1）吉田長期政権、（2）保守合同と五五年体制の成立、（3）保革伯仲、（4）国民の保守回帰と自民党の復調、（5）一九九三年の政権交代と連立政権の時代、といった区分が考えられる。その他、経済状況に着目した区分としては、（1）経済復興、（2）高度経済成長、（3）低成長、（4）安定成長とバブル経済、（5）バブル崩壊後のデフレ時代、などが考えられる。

専門分野が異なれば、「戦後」の転換点はそれぞれ微妙に異なり、社会科学全般で共有される時期区分はない。ただし、ある程度のコンセンサスはできつつある。今後は、「戦前」とほぼ断絶した固有の「戦後」はどこから始まるのか、が議論の焦点となっていくであろう。前掲の福永文夫・河野康子編『戦後とは何か―政治学と歴史学の対話』でも、これをめぐって議論が繰り広げられている。

二　アジア太平洋戦争と日本の植民地支配をめぐって

東京裁判

一冊で東京裁判の全貌をある程度つかもうとするのであれば、『東京裁判の国際関係――国際政治における権力と規範』（木鐸社、二〇〇二年）の著者日暮吉延氏がその成果を一般向けにまとめた『東京裁判』（講談社現代新書、二〇〇八年）がお薦めである。日暮氏が国際政治の文脈を重視するのに対し、牛村氏は「文明」論的（思想的）な側面を重視している（牛村圭『「文明の裁き」をこえて――対日戦犯裁判読解の試み』中公叢書、二〇〇一年、『「勝者の裁き」に向きあって――東京裁判をよみなおす』ちくま新書、二〇〇四年）。東京裁判をめぐる論点を整理したいのであれば、両氏の対談をまとめた『東京裁判を正しく読む』（文春新書、二〇〇八年）を手に取るのがよいであろう。

史実の発掘という点では、東京裁判研究の先達である粟屋憲太郎『東京裁判への道』（講談社選書メチエ、二〇〇六年、のちに講談社学術文庫、二〇一三年）もお薦めである。

東京裁判に対する理解を深めるうえで、ニュルンベルク裁判は欠かせない。ニュルンベルク裁判に関する最新の信頼できる研究として、芝健介『ニュルンベルク裁判』（岩波書店、二〇一五年）を挙げる。

戦争の記憶

日本が降伏文書に調印したのは、一九四五年九月二日である。しかし、日本では、昭和天皇が玉音放送で国民にポツダム宣言受諾を公表した八月一五日が終戦記念日という理解が定着している。なぜそうなったかを明らかにしたのが、佐藤卓己『八月十五日の神話　終戦記念日のメディア学』（ちくま新書、二〇〇五年、のちに増補版がちくま学芸文庫、二〇一四年）である。また、佐藤卓己・孫安石編『東アジアの終戦記念日――敗北と勝利のあいだ』（ちくま新書、二〇〇七年）は、中国をはじめとする近隣諸国と日本との終戦記念日の「ズレ」を探る入門書としてふさわしい。

戦後の日本人が日中戦争、アジア太平洋戦争といった戦争をどのように捉え、その認識が変容していったかについては、吉田裕『日本人の戦争観――戦後史のなかの変容』（岩波書店、一九九五年、のちに岩波現代文庫、二〇〇五年）が手掛かりを与える。

近年、日本でも戦争の社会史研究が盛んになっており、日中戦争や太平洋戦争といった先の戦争の記憶がどのように形成されていったかに、関心が注がれている。こうした研究潮流を代表する著作として、成田龍一『「戦争体験」の戦後史―語られた体験／証言／記憶（シリーズ戦争の経験を問う）』（岩波書店、二〇一〇年）を挙げる。

また、社会史やカルチュラル・スタディーズが盛んになるにつれ、原爆の問題は戦後日本の平和観や核認識のみならず、「集合記憶」として論じられるようになった。こうした研究の代表例として、奥田博子『原爆の記憶――ヒロシマ／ナガサキの思想』（慶應義塾大学出版会、二〇一〇年）を挙げる。

戦後責任

日本の戦後責任に関しては多数の著作がある。高橋哲哉『戦後責任論』（講談社、一九九九年、のちに講談社学術文庫、二〇〇五年）によって、この問題をめぐる議論が喚起された。近年は、日本が侵略したアジアのまなざしに応えた戦後責任のありかたに関心が寄せられている（内海愛子・大沼保昭・田中宏・加藤陽子『戦後責任――アジアのまなざしに応えて』岩波書店、二〇一四年、永原陽子編『「植民地責任」論——脱植民地の比較史』青木書店、二〇〇九年など）。

歴史認識問題

一九八〇年代以降、日中間、日韓間で問題となっている歴史認識問題は、外交問題としての性格を色濃く有している。戦後日本外交史研究の第一線に立つ波多野澄雄氏の『国家と歴史——戦後日本の歴史問題』（中公新書、二〇一一年）と服部龍二氏の『外交ドキュメント　歴史認識』（岩波新書、二〇一五年）は、この問題を考える上で欠かせない書籍である。なお、波多野氏の著書は、一九七〇年代までの日本の政治・外交レベルでの歴史認識問題についてもカバーしている。

日韓歴史認識問題に関して現時点の決定版ともいえるのが木村幹『日韓歴史認識問題とは何か——歴史教科書・「慰安婦」・ポピュリズム』（ミネルヴァ書房、二〇一四年）である。

靖国問題

日本における戦没者の追悼・慰霊問題は、靖国神社の存在を抜きにしては語りえない。赤澤史朗『靖国神社——せめぎあう〈戦没者追悼〉のゆくえ』（岩波書店、二〇〇五年）は、戦後の靖国神社の軌跡を追った手堅い一冊である。赤澤氏のその後の研究成果は、『戦没者合祀と靖国神社』（吉川弘文館、二〇一五年）にまとめられている。また、村井良太「戦後日本の政治と慰霊」（劉傑・三谷博・楊大慶編『国境を越える歴史認識』東京大学出版会、二〇〇六年）は、戦後の靖国問題の変遷をすばやく知り、論点整理するうえで欠かせない文献である。世間の耳目を集めていないが、国立国会図書館調査及び立法考査局が編纂した『新編靖国神社問題資料集』（二〇〇七年）は、靖国問題で地に足のついた議論をするうえで必読の資料集である。

復員・引揚、シベリア抑留、遺骨収集

復員や引揚に対する研究はこれまで十分になされてこなかったが、史料状況の改善もあり、近年研究が進みつつある。その一例として、加藤陽子「敗者の帰還——敗者の復員・引揚問題の展開」（『戦争の論理——日露戦争から太平洋戦争まで』勁草書房、二〇〇五年）や加藤聖文「大日本帝国の崩壊と残留日本人引揚問題—国際関係のなかの海外引揚」（増田弘編『大日本帝国の崩壊と引揚・復員』慶應義塾大学出版会、二〇一二年）を挙げる。

シベリア抑留問題に本格的に取り込もうとする際、ロシア側の史料を発掘する必要がある。富田武『シベリア抑留者たちの戦後——冷戦下の世論と運動1945—1956年』（人文書院、二〇一三年）、『シベリア抑留——スターリン独裁下、「収容所群島」の実像』（中公新書、二〇一六年）は、ソ連史研究の第一人者がこの問題に取り組んだ貴重な成果である。

浜井和史『海外戦没者の戦後史——遺骨返還と慰霊』（吉川弘文館歴史文化ライブラリー、二〇一四年）は海外戦没者の遺骨返還及び慰霊を外交史料から分析したものである。前述の復員・引揚と同じく、海外戦没者の遺骨返還は「戦後処理」、すなわち外交問題でもあった。

三　占領改革と戦後日本の出発

占領期とは何か

福永文夫『日本占領史　1945―1952　東京・ワシントン・沖縄』（中公新書、二〇一四年）は、最新の占領期に関する信頼できる通史である。日本が占領下に置かれた時期の沖縄の動向にも頁を割いているのが目新しい。沖縄をどのように組み入れ、総体としての日本を描いていくかが今後の戦後史の通史の大きな課題である。

女性参政権や農地改革など主要な占領改革に対する日米両国の主体性（温度差）を知るには、アメリカの対日占領政策研究の第一人者である五百旗頭真氏の「占領改革の三類型」（『レヴァイアサン』六、一九九〇年）がお薦めである。

立場は異なるが、昭和戦前・戦中期「統制経済」を志向した「革新派」の戦後への影響力を重視する伊藤隆氏と同じく雨宮昭一氏も戦後の政治・経済体制に昭和戦前期の人脈やシステムが継承されていったことを重視する。こうした点で異彩を放つ占領期の通史が雨宮昭一『シリーズ日本近現代史7　占領と改革』（岩波新書、二〇〇八年）である。

日本国憲法の誕生とメディア

日本国憲法の制定に関しては、古関彰一『新憲法の誕生』（中公叢書、一九八九年、のち二〇〇九年に『日本国憲法の誕生』と改題され、岩波現代文庫）が今なお古典的地位を保っている。また、西修『日本国憲法はこうして生まれた』（中公文庫、二〇〇〇年）も資料を読み込んで書かれた力作である。

有山輝雄『戦後史のなかの憲法とジャーナリズム』（柏書房、一九九八年）を繙くと、戦争に協力し、世論を高揚させたメディアが日本国憲法を受け入れ、戦後民主主義の担い手になっていくさまが浮き彫りになる。

日本人の占領体験

戦後の日本の軌跡を振り返るとき、日本人の占領体験は避けては通れないテーマのひとつである。ジョン・W・ダワー（三浦陽一・高杉忠明・田代泰子訳）『敗北を抱きしめて――第二次大戦後の日本人』上・下（岩波書店、二〇〇一年、二〇一四年に増補版）及び吉見義明『焼跡からのデモクラシー――草の根の占領期体験』上・下（岩波書店、二〇一四年）は、膨大な資料をもとに占領下の民衆の実相を多面的に描く。

「敗者」の再出発

戦後日本の軌跡を検討する際、日本と同じく敗戦から立ち直り、世界有数の経済大国となったドイツとの比較は示唆に富む。日独の戦後を比較政治の手法でいちはやく分析した大嶽秀夫氏の『アデナウアーと吉田茂』（中公叢書、一九八八年）と『二つの戦後・ドイツと日本』（NHKブックス、一九九二年）のうち、後者は日独両国の戦後を俯瞰するのに役立つ。なお、戦後、西ドイツを再建したアデナウアーに関しては、その軌跡をコンパクトかつ明瞭にまとめた板橋拓己『アデナウアー――現代ドイツを創った政治家』（中公新書、二〇一四年）が信頼できる著作である。今後はアデナウアーと吉田のみならず、岸信介との比較を試みても面白いかもしれない。

日本の戦後をイタリアと比較して検討した研究蓄積は、ドイツとの比較と比べて圧倒的に少ない。こうした現状を打開する可能性を有するのが石田憲『敗戦から憲法へ――日独伊　憲法制定の比較政治史』（岩波書店、二〇〇九年）である。ドイツのみならず、イタリアを視野に入れることで、戦後日本の新たな像が構築されるであろう。

四　戦後日本の外交・安全保障の軌跡

戦後の日本外交を俯瞰する

現時点における戦後日本外交史の通史の決定版は、五百旗頭真編『戦後日本外交史〔第3版補訂版〕』（有斐閣アルマ、二〇一四年）である。また、『国際問題』には、北岡伸一氏、中西寛、渡邉昭夫氏といった一流の執筆者による戦後の日本外交を長い時間軸、巨視的観点から振り返った論文が多く掲載されている（北岡伸一「国際協調の条件　戦間期の日本と戦後の日本」『国際問題』四二三、一九九五年、中西寛「二〇世紀の日本外交」『国際問題』四八九、二〇〇〇年）、同「世界秩序の変容と日本外交の軌跡」『国際問題』五七八、二〇〇九年、渡邉昭夫「日米同盟の五〇年の軌跡と二一世紀への展望」『国際問題』四九〇、二〇〇一年）。戦後の日本外交を俯瞰するには、『戦後日本外交史〔第3版補訂版〕』とこれらの諸論文を併せて読むのが良い。

『戦後日本外交史』は、分量の関係でどうしても冷戦終結後が手薄にならざるをえない。こうしたこともあり、冷戦終結以降の日本外交を俯瞰できる信頼できる通史が待ち望まれていた。宮城大蔵『現代日本外交史――冷戦後の模索、首相たちの決断』（中公新書、二〇一六年）は、こうした社会的要請に応えるものである。

冷戦

戦後の日本外交を考えるうえで、冷戦についての理解は必要不可欠である。だが、冷戦に関する優れた文献は膨大にある。専門家以外の読者が短期間で冷戦の概要を知るには、戦後アメリカ外交史の第一人者佐々木卓也氏による『冷戦』（有斐閣、二〇一一年）が最適である。

また、アジアに冷戦がどのように持ち込まれ、展開していったかという視点も重要である。一般の読者は下斗米伸夫『アジア冷戦史』（中公新書、二〇〇四年）をまず読み、近年中公クラシックスに入り、入手が容易となった永井陽之助『冷戦の起源――戦後アジアの国際環境』Ⅰ・Ⅱ（二〇一三年、初版は中央公論社、一九七八年）へと読み進むのが良いであろう。

サンフランシスコ講和

日本が国際社会に復帰する出発点となったサンフランシスコ講和は、戦後七〇年を考えるうえで欠かせない重要テーマである。サンフランシスコ講和に関する研究の古典は、前掲の細谷千博『サンフランシスコ講和への道』と渡辺昭夫・宮里政玄編『サンフランシスコ講和』である。その後、三浦陽一『吉田茂とサンフランシスコ講和』上・下（大月書店、一九九六年）が公刊されたが、それ以降、サンフランシスコ講和そのものを本格的にとりあげた学術研究書は出ていないようだ。

日本にとってサンフランシスコ講和がどのような意義を持っていたかを短期間で知るには、渡辺昭夫「講和問題と日本の選択」（前掲『サンフランシスコ講和』）、最新のものとして波多野澄雄「サンフランシスコ講和体制」（波多野澄雄編『日本の外交　第二巻　外交史　戦後編』岩波書店、二〇一三年）、宮城大蔵「サンフランシスコ講和と吉田路線の選択」（『国際問題』六三八、二〇一五年）がお薦めである。

日米安保体制

膨大なアメリカ側の資料を駆使して書かれた坂元一哉『日米同盟の絆——安保条約と相互性の模索』（有斐閣、二〇〇〇年）は、安保改定に関する研究書として第一に読まれるべき著作である。近年、日米安保をめぐる「密約」が議論を呼んだことは記憶に新しい。戦後の日本外交資料に精通する波多野澄雄氏が「密約」の形成過程を追ったのが『歴史としての日米安保条約——機密外交記録が明かす「密約」の虚実』（岩波書店、二〇一〇年）である。

冷戦終結後の「日米同盟」を考える素材となる論考として、渡邉昭夫「冷戦の終結と日米安保の再定義　沖縄問題を含めて」（『国際問題』五九四、二〇一〇年）、坂元一哉「日米同盟の課題　安保改定五〇年の視点から」（『国際問題』五八八、二〇一〇年）などが挙げられる。

非核三原則と核不拡散

日本がＮＰＴ（核兵器不拡散条約）に調印・批准する軌跡を追った黒崎輝『核兵器と日米関係——アメリカの核不拡散外交と日本の選択　一九六〇—一九七六』（有志舎、二〇〇六年）からは、日本が核を所有するのではないかというアメリカの過度の危機感及び当時の日本の核認識が浮かび上がる。

再軍備、政軍関係、自衛隊

再軍備問題が保守と革新を分断する分岐点となったことを明らかにしたのが、大嶽秀夫『再軍備とナショナリズム——保守、リベラル、社会民主主義の防衛観』（中公新書、一九八八年、のちに『再軍備とナショナリズム——戦後日本の防衛観』講談社学術文庫、二〇〇五年）である。増田弘『自衛隊の誕生　日本の再軍備とアメリカ』（中公新書、二〇〇四年）は、陸海空の各自衛隊が誕生する経緯を明らかにしており、とりわけ研究蓄積がほとんどない航空自衛隊の誕生を扱った第三部は価値が高い。

自衛隊誕生から現在に至る防衛政策及び政軍関係を俯瞰するには、佐道明広氏の『戦後政治と自衛隊』（吉川弘文館歴史文化ライブラリー、二〇〇六年）、『自衛隊史――防衛政策の七〇年』（ちくま新書、二〇一五年）があり、専門書としては『戦後日本の防衛と政治』（吉川弘文館、二〇〇三年）、『自衛隊史論――政・官・軍・民の六〇年』（吉川弘文館、二〇一五年）がある。

また、戦後日本の政軍関係を特徴づける文官優位の原則が形成される過程に関しては、中島信吾『戦後日本の防衛政策――「吉田路線」をめぐる政治・外交・軍事』（慶應義塾大学出版会、二〇〇六年）が詳しく論じている。

アジアとの和解と新しい関係構築

アジアの一員としてどのように生きていくかは、戦後日本外交の重要な課題のひとつであった。バンドン会議は、戦後の日本が初めて参加した国際会議である。その意義を考えるうえで欠かせないのが宮城大蔵『バンドン会議と日本のアジア復帰――アメリカとアジアの狭間で』（草思社、二〇〇一年）である。また、中国大陸を共産党が支配するなか、日本は東南アジア（海域アジア）に活路を見いだす。激動の海域アジアに日本はどのように向かい、新たな関係を構築していったかを提示したのが宮城氏の『「海洋国家」日本の戦後史』（ちくま新書、二〇〇八年）である。より深く知りたい読者は、同氏の『戦後アジア秩序の模索と日本――「海のアジア」の戦後史　１９５７〜１９６６』（創文社、二〇〇四年）へと読み進むと良いだろう。

戦後の日本にとって、植民地からの独立を果たした新興の東南アジア各国との賠償問題は重い外交課題のひとつであった。日本の東南アジア諸国への賠償を外交的視点から論じた学術的価値が高く、かつ読みやすい新書などはまだないようだ。ここで紹介する北岡伸一氏の「賠償問題の政治力学」（『門戸開放政策と日本』東京大学出版会、二〇一五年）は学術論文だが、論理明晰で読みやすい文章で書かれているので、一般の読者も読み通すことが容易である。

一九三〇年代以降、地域主義が台頭し、戦後にも受け継がれていった。日本の場合だとアジア主義がその代表例である。地域主義に対する研究者の関心は高いが、その成果は一般読者に還元されていないようだ。ここに挙げた波多野氏の論考（「戦後アジア外交の理念形成　「地域主義」と「東西のかけ橋」」『国際問題』五四六、二〇〇五年、「『地域主義』をめぐる日本外交とアジア」『国際問題』五七八、二〇〇九年）を手に取り、日本外交における地域主義のありかたに思いをはせるのもよいだろう。

戦後日本のアジア外交を俯瞰するには、波多野澄雄・佐藤晋『現代日本の東南アジア政策　1950―2005』（早稲田大学出版部、二〇〇七年）、宮城大蔵編『戦後日本のアジア外交』（ミネルヴァ書房、二〇一五年）がよいだろう。

アジア・太平洋という新秩序

アジアと太平洋をひとつの地域枠組みとして見なすことをいち早く提唱したのが国際政治学の泰斗渡邊昭夫氏である。大平正芳首相が打ち出した環太平洋連帯構想は、ＡＰＥＣ創設へと結実した。二一世紀に入り、APECの存在感は薄れつつある。しかし、環太平洋というアジア・太平洋をつなぐ広域秩序はまだまだ可能性を秘めている。渡邉氏が参加した座談会や渡邉氏の著書及び氏が編者を務めた論文集を読むと、ヒントがたくさんありそうだ（細谷千博・永井陽之助・渡辺昭夫「討論「太平洋の時代」の歴史的意義」『国際問題』三〇一、一九八五年、渡辺昭夫『アジア・太平洋の国際関係と日本』東京大学出版会、一九九二年、渡邉昭夫編『アジア太平洋連帯構想』NTT出版、二〇〇五年、渡邉昭夫編『アジア太平洋と新しい地域主義の展開』千倉書房、二〇一〇年）。

中国・韓国との和解

近年浅野豊美氏が中心となって編纂された日韓国交正常化に関する浩瀚な資料集（『日韓国交正常化問題資料』）が現代史料出版から刊行されている。李鍾元・木宮正史・浅野豊美編『歴史としての日韓国交正常化　1　東アジア冷戦編』、『歴史としての日韓国交正常化　2　脱植民地化編』（法政大学出版局、二〇一一年）を繙けば、最新の日韓国交正常化に関する学術成果を知りうる。また、浅野豊美編『戦後日本の賠償問題と東アジア地域再編　請求権と歴史認識問題の起源』（慈学社、二〇一三年）第1部には、日韓国交正常化交渉で紛糾した日韓両国の請求権問題に関する論考が収められている。

日中国交正常化に関しては、元外交官のオーラルヒストリーの成果が反映された服部龍二氏の『日中国交正常化　田中角栄、大平正芳、官僚たちの挑戦』（中公新書、二〇一一年）と井上正也氏の浩瀚な学術書『日中国交正常化の政治史』(名古屋大学出版会、二〇一〇年)が双璧である。

沖縄返還と基地問題

アメリカ軍に占領された沖縄では、県内各地で用地が接収され、米軍基地が建設された。米軍基地への経済依存とそれへの拒絶という沖縄の基地問題の複雑さを考えるうえで、平良好利『戦後沖縄と米軍基地――「受容」と「拒絶」のはざまで　1945―1972年』(法政大学出版局、二〇一二年)は議論の出発点となる良書である。

沖縄返還を考えるうえで、サンフランシスコ講和条約において沖縄はアメリカの信託統治とされる一方、日本の潜在的主権が認められた意義は大きい。これに至る経緯に関しては、ロバート・D・エルドリッヂ『沖縄問題の起源――戦後日米関係における沖縄　1945―1952』(名古屋大学出版会、二〇〇三年)が詳しい。

沖縄返還に関しては、渡辺昭夫『戦後日本の政治と外交　沖縄問題をめぐる政治過程』(福村出版、一九七〇年)が現在進行形であった沖縄返還に対する同時代の空気を伝える。渡邊氏と同じく河野康子氏も、沖縄返還を日米関係の文脈に位置づけて研究を進め、『沖縄返還をめぐる政治と外交　日米関係史の文脈』(東京大学出版会、一九九四年)を刊行した。当時は、日本の戦後外交記録の公開が十分に進んでいなかったため、主要な一次史料はアメリカ側の史料に頼らざるを得なかった。

これに対し、中島琢磨『沖縄返還と日米安保体制』(有斐閣、二〇一二年)は、日本側の史料の公開が進んだことや外交官のオーラルヒストリーの蓄積が追風になっている。沖縄返還問題を日米安保体制という大枠の中に位置づけた本書は、沖縄返還交渉に関する近年のもっとも優れた著作である。

外交史研究者の関心は、沖縄の本土復帰以降の基地問題に向かいつつあるようだ。野添文彬『沖縄返還後の日米安保――米軍基地をめぐる相克』（吉川弘文館、二〇一六年）は、研究蓄積が少ない返還後の日米関係の分析に力点を置き、返還後も基地が縮小しない背景を探った。

本土復帰後の沖縄と日本政府の関係については、佐道明広『沖縄現代政治史――「自立」をめぐる攻防』（吉田書店、二〇一四年）が「国際都市形成構想」を例に沖縄の地域振興と基地問題のバーターを浮き彫りにする。また、与那国の自立構想と与那国に自衛隊基地を新設する問題などもとりあげられた本書は、近年の沖縄政治の実相を検証する際、手にすべき本である。

全方位外交

デタントの進展にともない、日本では一九七〇年代、アメリカなどの自由主義陣営のみならず、すべての国々と友好関係を築く全方位外交（全方位平和外交）が模索された。その最大の成果が一九七八年八月に出された福田ドクトリン（東南アジア外交三原則）である。全方位外交の可能性と挫折を追った若月秀和『「全方位外交」の時代――冷戦変容期の日本とアジア・１９７１～８０年』（日本経済評論社、二〇〇六年）は、日本外交の可能性を考えるうえで参照されるべき一冊である。

ＰＫＯ

冷戦終結後の日本の国際貢献の代表例として、カンボジアへのＰＫＯ派遣やイラクの復興支援のため自衛隊を派遣したことなどが挙げられる。日本の人的貢献に関する若手研究者の問題関心が一書に結実したのが庄司貴由『自衛隊海外派遣と日本外交――冷戦後における人的貢献の模索』（日本経済評論社、二〇一五年）である。

ひるがえって、日本のＰＫＯ参加は、講和独立以来、岸～佐藤政権下でも検討課題に上った。冷戦終結後のＰＫＯを考える際、その前史は重要である。ここでは、学術研究の成果のひとつとして、村上友章「吉田路線とＰＫＯ参加問題」（『国際政治』一五一、二〇〇八年）を挙げる。

おわりに

「はじめに」で述べたとおり、本章では、戦後七〇年を考えるうえで論点となりうるテーマに関する有益な文献を政治・外交分野を中心に紹介してきた。本章で紹介した文献は、大海の一滴のごとく戦後日本に関する膨大な刊行物のなかのごく一部に過ぎない。しかし、本章で紹介した文献は戦後日本の軌跡をふりかえるうえで参照されるべきものである。

二〇一八年は、国内的には明治維新一五〇周年である。明治維新一〇〇周年の一九六八年、日本はＧＮＰ（国民総生産）で西ドイツを上まわり、世界第二位の経済大国となった。維新政府が掲げた

「富国強兵」は戦前の日本を貫く国是であったが、一九四五年の敗戦と戦後の「平和憲法」によって「強兵」への道は絶たれた。だが、高度経済成長によって世界有数の経済大国となったことで、明治維新以来の悲願である「富国」は真の意味で達成された。そして、戦後日本において自由民主義が定着したが、これは自由民権運動以来、戦前期の日本で政治的民主化を求めてきた人々の悲願の達成と見なすこともできよう。

二〇一五年八月一四日に発表された戦後七〇年に関する安倍首相の談話の一節に「自由で民主的な国を創り上げ、法の支配を重んじ、ひたすら不戦の誓いを堅持してまいりました。七十年間に及ぶ平和国家としての歩みに、私たちは、静かな誇りを抱きながら、この不動の方針を、これからも貫いてまいります」とある。

戦後の日本が「平和国家」として歩んできたという認識は、日本の国内外で定着している。しかし、先の戦争の反省を強く踏まえ、戦前期の立憲主義の伝統を受け継ぎ、「法の支配を重んじ」、「自由で民主的な国を創り上げ」てきたという歴史は、「平和国家」の軌跡と比べると国内外で十分に共有されているとはいいがたい。このような観点からの研究がもっと現れ、海外に情報発信されることが望まれる。

今後、日本では戦後七〇年と明治維新一五〇年をめぐる議論の対話が必要ではないだろうか。明治維新一五〇年と戦後七〇年を架橋する論理が見いだせた時、私たちは近代一五〇年を貫き、見通せる歴史認識を持つことができるであろう。

おわりに

宮城大蔵

歴史認識問題とは実に厄介なものである。一国の国民を国民として成立させている最も重要な要素の一つは、歴史的経験の共有であろう。直接的な経験もあれば、教育や言論空間を通じて継承・再生産されていく歴史的経験もある。それが国によって異なったものになるのはある意味、当然であろう。隣接国であれば、共通の歴史的事象をめぐって記憶や解釈は異なり、それをめぐって摩擦が生じる。「所詮は歴史認識が一致することなど、あり得ないのだから」と放置すれば、さらに拗れ、やがて関係各国とも身動きがとれなくなる。

加害者の側に位置付けられた国からすれば、「いつまでも蒸し返すな」と言いたくなるであろうし、逆に被害を受けた国からすれば、何らかの「解決」によって過去の歴史そのものが消し去られる訳ではないと言いたくなるであろう。それぞれの国民感情が絡むだけに、一旦問題に火がつけば、事態の収拾は容易ではない。

このような負の感情の連鎖から抜け出すための一つの手がかりは、過去を知ることであろう。よく言われる「過去の歴史をよく学べ」という教えが重要なのは言を俟たないが、ここで言う「過去を知る」とは、「歴史認識についての過去」を知るということである。

日本についていえば明治以降の戦前期に始まり、第二次世界大戦後は敗戦の色濃い占領期、一九五〇年代の模索から高度成長の六〇年代、そして世界に冠たる経済大国となった八〇年代と、時代ごとの歴史認識というものがあった。それらがいかなる要素と背景によって形成され、変化してきたのか。それを視野に入れることによって初めて、「平成」の終幕が視野に入りつつある今日という時点における日本の歴史認識の特徴が浮き彫りになるであろう。

戦前期を扱った序章に始まって戦後を俯瞰し、村山談話（一九九五年）、小泉談話（二〇〇五年）、安倍談話（二〇一五年）までを辿る本書が、「歴史認識の過去」を知る上で格好の手がかりとなるのであれば、本書刊行の目的は果たされたというべきであろう。

「負けっぷりよく」連合国史観を全面的に受け入れる一方、アジアの民族主義には関心希薄であった吉田茂、歴史認識をめぐって国民合意を形成する上で政党政治の役割の重さが見て取れる「佐藤栄作の時代」、たとえ根本的ではなくとも、歴史認識をめぐって短中期的な改善を積み重ねることの重要性が滲む「中曽根康弘の時代」と、各章には昨今の歴史認識問題を考える上で示唆に富むポイントが散りばめられている。また日本国内において独自の歩みをした、あるいは強いられた沖縄という観点を忘れてはなるまい。国民統合と日米安保の負荷という共に重い課題が交差する沖縄を抜きにしては、戦後日本の自画像は決して完結しないのである。

それにつづく座談においても、「和解は無理だと割り切ればすっきりはするが、いずれは関係各国の利益を損なうことになる」「国家間の関係が悪くなると、過去の歴史を含めたイメージが動員される」など、印象深い論点は多い。

さて、ここまで本書を通観してくっきりと浮かび上がることがあるとすれば、それは政治の役割の重要性ということではないだろうか。もちろん歴史の記憶は政治、あるいは政治家が占有するものではなく、むしろ国民各人の意志、感情の集積であることに特徴がある。また、身動きのとれない政治を脇において、経済や文化交流を進めることによって、歴史認識問題を相対化するという道筋があるのも確かであろう。しかし、ひとたび歴史認識問題に火がつき、それがとりわけ首脳レベルの問題として可視化されると、経済や文化交流を圧倒するだけの強烈な負のエネルギーを放つことになる。さりとて、関係国との融和にのみ特化すると、今度は国内合意の不全がその足元を脅かしかねない。冷戦期に存在したイデオロギー対立という、良くも悪くも底堅い座標軸が世界から失われているだけに、「過去の記憶」は国際政治・国内政治の双方においてきわめて慎重な舵取りが求められている問題なのである。

和解は容易ではない。とはいえ放置すれば危機を招来する。その間にあり得るのは、「不断の危機管理」という観点ではないか。恒久的な和解は容易ではないにしても、当座の危機管理の必要性を否定する論者はいないだろう。忍耐強くそれを続けることが、結果として歴史認識問題をめぐる「不断の危機管理」体制を構築することに繋がる。

幅広い時期にわたって様々な観点を提示する本書から一つの結論を導くことは、そもそも求めるべきことではないのだろう。しかし本書から紡ぎ出される一つの最大公約数は、歴史認識問題をめぐる「不断の危機管理」の重要性という点にあるように思われるのである。

＊小宮一夫　青山学院大学・駒澤大学・専修大学非常勤講師

主要著書：『条約改正と国内政治』（吉川弘文館、2001年）、『人物で読む近代日本外交史—大久保利通から広田弘毅まで』（吉川弘文館、2009年、共編著）、『自由主義の政治家と政治思想』（中央公論新社、2014年、共著）

＊宮城大蔵　上智大学総合グローバル学部教授

主要著書：『戦後アジア秩序の模索と日本　—「海のアジア」の戦後史 1957 — 1966』（創文社、2004年）、『「海洋国家」日本の戦後史』（ちくま新書、2008年）、『現代日本外交史——冷戦後の模索、首相たちの決断』（中公新書、2016年）。

佐藤　晋　二松学舎大学国際政治経済学部教授

主要著者：『戦後日本とアジア』（共著、ミネルヴァ書房、2015年）、『冷戦変容期の日本外交』（共著、ミネルヴァ書房、2013年）、『大日本帝国の崩壊——引揚・復員——』（共著、慶應義塾大学出版会、2012年）

平良好利　獨協大学地域総合研究所特任助手・法政大学非常勤講師

主要著書：『戦後沖縄と米軍基地——「受容」と「拒絶」のはざまで 1945～1972年』（法政大学出版局、2012年）、『安全保障政策と戦後日本 1972～1994——記憶と記録の中の日米安保』（千倉書房、2016年、分担執筆）、『対話　沖縄の戦後——政治・歴史・思考』（吉田書店、2017年、共編著）

川島　真　東京大学大学院総合文化研究科教授

主要著書：『中国近代外交の形成』（名古屋大学出版会、2004年）、『21世紀の「中華」 習近平中国と東アジア』（中央公論新社、2016年）、『中国のフロンティア』（岩波新書、2017年）。

西野純也　慶應義塾大学法学部教授

主要著書：『朝鮮半島と東アジア』（岩波書店、2015年、分担執筆）、『朝鮮半島の秩序再編』（慶應義塾大学出版会、2014年、共編著）、『転換期の東アジアと北朝鮮問題』（慶應義塾大学出版会、2012年、共編著）。

渡部恒雄　東京財団上席研究員・笹川平和財団特任研究員

主要著書：『二〇二五年米中逆転：歴史が教える米中関係の真実』（PHP研究所、2011年）、『「今のアメリカ」がわかる本 最新版』（三笠書房、2012年）、『冷戦後のNATO』（ミネルヴァ書房、2012年、分担執筆）。

執筆者一覧（執筆順、所属は執筆時）［＊は編者］

＊細谷雄一　慶應義塾大学法学部教授
主要著書：『迷走するイギリス　―EU 離脱と欧州の危機』（慶應義塾大学出版会、2016 年）、『安保論争』（ちくま新書、2016 年）、『歴史認識とは何か　―日露戦争からアジア太平洋戦争まで』（新潮選書、2015 年）。

＊五百旗頭 薫　東京大学大学院法学政治学研究科教授
主要著書：『条約改正史―法権回復への展望とナショナリズム』（有斐閣、2010 年）。『吉野作造政治史講義―矢内原忠雄・赤松克麿・岡義武ノート』（岩波書店、2016 年、共編）、松田宏一郎・五百旗頭薫編著『自由主義の政治家と政治思想』中央公論新社、2014 年、共編著）。

武田知己　大東文化大学法学部政治学科教授
主要著書：『重光葵と戦後政治』（吉川弘文館、2002 年）、『日本政党史』（吉川弘文館、2011 年、共編著）、『昭和史講義』１，２（ちくま新書、2015 年、16 年、共著）。

村井良太　駒澤大学法学部政治学科教授
主要著書：『第二の「戦後」の形成過程― 1970 年代日本の政治的・外交的再編』（有斐閣、2015 年、共著）、『政党内閣制の展開と崩壊　一九二七～三六年』（有斐閣、2014 年）、『国境を越える歴史認識―日中対話の試み』（東京大学出版会、2006 年、共著）。

戦後日本の歴史認識

2017 年 3 月 28 日　初　版
2019 年 12 月 20 日　第 2 刷

[検印廃止]

編　者　五百旗頭《いおきべ》薫《かおる》・小宮《こみや》一夫《かずお》・細谷《ほそや》雄一《ゆういち》・宮城《みやぎ》大蔵《たいぞう》・
東京《とうきょう》財団《ざいだん》政治《せいじ》外交《がいこう》検証《けんしょう》研究会《けんきゅうかい》

発行所　一般財団法人　東京大学出版会
代表者　吉見　俊哉
153-0041 東京都目黒区駒場 4-5-29
電話 03-6407-1069　FAX 03-6407-1991
振替 00160-6-59964

組　版　株式会社キャップス
印刷所　株式会社三秀舎
製本所　牧製本印刷株式会社

ISBN 978-4-13-023072-8 Printed in Japan

劉傑・三谷博・楊大慶編
国境を越える歴史認識　日中対話の試み
A5判　二八〇〇円

劉傑・川島真編
1945年の歴史認識　〈終戦〉をめぐる日中対話の試み
A5判　三二〇〇円

劉傑・川島真編
対立と共存の歴史認識　日中関係150年
A5判　三六〇〇円

服部龍二
日中歴史認識　「田中上奏文」をめぐる相剋　1927―2010
四六判　三二〇〇円

黒沢文貴・イアン　ニッシュ編
歴史と和解
A5判　五七〇〇円